Hans-Jürgen Giesecke

Stundenblätter Farbe

Sekundarstufe I

20 Seiten Beilage

Ernst Klett Verlag für Wissen und Bildung
Stuttgart · Dresden

Die Deutsche Bibliothek – CIP-Einheitsaufnahme

Stundenblätter Farbe / Ulrich Hamm. – Stuttgart; Dresden:
Klett, Verlag für Wissen und Bildung
  Sekundarstufe I verf. von Hans-Jürgen Giesecke
Sekundarstufe I. – 3. Aufl. – 1992
  ISBN 3-12-928121-5

3. Auflage 1992
Gedruckt auf umweltfreundlichem Recyclingpapier, gefertigt aus 100% Altpapier.
Alle Rechte vorbehalten
Fotomechanische Wiedergabe nur mit Genehmigung des Verlages
© Ernst Klett Verlag für Wissen und Bildung GmbH, Stuttgart 1983
Satz: G. Müller, Heilbronn
Druck: Wilhelm Röck, Weinsberg
Einbandgestaltung: Zembsch' Werkstatt, München
ISBN 3-12-928121-5

Inhalt

I Didaktischer Kommentar

1. Vorbemerkungen zum Thema

Eine Unterrichtseinheit über Aspekte der Farbwirkung zu konzipieren heißt sich zwischen Skylla und Charybdis zu bewegen.

In einer Zeit, in der alles durch empirische Forschung belegt sein muß, ist es anrüchig, den phänomenologischen Ansatz Goethes über die „sinnlich-sittliche Wirkung" von Farbe als Ausgangspunkt zu nehmen. Auf der anderen Seite sind Forschungsergebnisse von z. B. Stefanescu-Goanga und Allesch widersprüchlich; Monika Nienstedt kommt zu einem offenen Ergebnis; Äußerungen von Künstlern (Itten-Kandinsky-Marc) divergieren häufig; Aussagen mancher Autoren über die psychologische Wirkung von Farbpaaren wirken, – weil wohl nur deduktiv hergeleitet und nur selten durch Forschung belegt –, doch recht spekulativ.

Aus dieser kurz geschilderten Situation lassen sich mehrere Konsequenzen ziehen:
1. das Thema fallen zu lassen,
2. oder gerade das Widersprüchliche zu einem Thema für die Sekundarstufe II oder Studenten zu machen,
3. oder selbst zu forschen,
4. oder sich aus den spekulativen und widersprüchlichen Bereichen möglichst herauszuhalten und auf einer *allgemeineren* Ebene Prinzipien von Farbwirkung herauszuarbeiten.

Der vierte Weg soll in dieser Unterrichtseinheit beschritten werden, wobei Inhalte von Weg 2 partiell mit berücksichtigt, und Weg 3 – auf Schülerniveau – erprobt werden soll.

Das Thema fallen zu lassen, verbietet sich schon aus der Tatsache, daß Schüler und Erwachsene täglich mit Aspekten der psychologischen Farbwirkung in Berührung kommen:

– in der Werbung wird Farbe gezielt nicht nur als aufmerksamkeitserregendes, sondern auch als verkaufsförderndes Mittel eingesetzt. Über Assoziationen und Synästhesien erhalten die Produkte ein Image;
– mit Farbe werden in der Innenarchitektur die Dimensionen und der Charakter von Räumen verändert;
– die Mode entwickelt nicht nur Trendfarben der Saison, farbliche Modeberatung versteht sich als Beratung zur Entwicklung von „Persönlichkeit";
– zum Teil problematische Farbtests (Lüscher-Farbtest, s. Kritik in Heimendahl, E.: Licht und Farbe, 1961, S. 185) dienen als Helfer bei der Partnersuche und werden oft bei Bewerbungen in der Berufswelt vom Personalbüro eingesetzt, um Aufschluß über die Persönlichkeitsstruktur zu bekommen;
– in der bildenden Kunst gibt es Perioden, in denen das „Wesen" der Farbe, ihre gefühlsmäßige Dimension stärker im Vordergrund steht;
– in Theater, Film und Fernsehen sind z. B. Beleuchtungs- und Kostümfarbe Ausdrucks- und Stimmungsmittel.

Sowohl die Vielzahl der oben genannten Bereiche (quantitative Dimension) als auch die Absicht, mit Farbe Wirkungen erzielen zu wollen (qualitative Dimension), lassen nur eine Folgerung zu:

die Mittel und Methoden psychologischer Farbwirkung müssen transparent gemacht werden.

2. Zum Stellenwert des Themas im Fach „Kunst"

2.1 Stellenwert in der schulischen Realität

Um es ganz kurz zu sagen:

Im Gegensatz zu seiner wirklichen Bedeutung ist das Thema „psychologische Farbwirkung" total unterrepräsentiert. Über Farbe als Materie und über Farbe als Maltechnik kann man viele Bücher finden, über psychologische Farbwirkung nur wenige Be- und Anmerkungen. Logischerweise dominieren deshalb Techniken im Unterricht. Farbenlehren (Itten, Renner, Küppers, Gerritsen) sind gekennzeichnet durch einen üppigen physikalischen und mageren psychologischen Teil. Wenn Farbe in der Schule doch mal zum Unterrichtsgegenstand wird, dann meistens in der problematischsten Form: als Farbenlehre. Hier wird dann Theorie zum „schön geordneten" Selbstzweck, die wissenschaftliche Systematik der Farbenlehre wird zur Methodik des Unterrichts, isoliertes Sachwissen wird angehäuft, aber der Transfer auf relevante Umweltbereiche findet nicht statt. Mit dieser Problematik setzen sich auch Euker, Neu und Seitz auseinander (Zeitschrift „Kunst und Unterricht", Heft 63, 1980).

2.2 Stellenwert in der didaktischen Theorie

In der didaktischen Theorie ist der Stellenwert der psychologischen Farbwirkung allmählich angewachsen.

- Der Kunsterziehung vor 1933 ging es zwar um die Entwicklung der Ausdruckskräfte, aber die farblichen Ausdrucksmittel wurden nicht entsprechend bewußt gemacht.
- Die vom Bauhaus beeinflußte Kunsterziehung behandelte zwar die Farbkontraste im Unterricht (z. B. Schwerdtfeger), reflektierte aber kaum die unterschiedliche Wirkung.
- Im Konzept Kunstunterricht nimmt der Stellenwert zu. K. Kowalski („Praxis der Kunsterziehung", Stuttgart, 1968) bezieht sich auf Goethes „sinnlich-sittliche Wirkung der Farbe".
  Pfennig behandelt das Thema „Farbklang" in einem Kapitel gesondert. Er nennt als Ziel: „Statt willkürliche Expressionen von sich zu geben, lernen sie, mit Farben umzugehen". (R. Pfennig: „Gegenwart der bildenden Kunst", Oldenburg 1967, 2; S. 272)
  Mit „. . . umzugehen" meint Pfennig nicht den *technischen* Umgang, sondern die Beherrschung des *Ausdruckswerts* der Farbe. Die Bemerkung „. . . willkürliche Expressionen" ist eine Kritik am expressiven Gestalten der musisch orientierten Kunsterziehung. Dem didaktischen Konzept entsprechend bezieht sich die Farbwirkungsanalyse bei Pfennig jedoch nur auf die eigene Produktion und auf Werke der bildenden Kunst.
- Die Erweiterung erfolgt durch die Konzepte „Visuelle Kommunikation" und „Ästhetische Erziehung". Die Bedeutung der psychologischen Farbwirkung wird viel umfangreicher gesehen. Man erkannte sie als nicht unwesentliches Manipulationsinstrument im Massenkommunikationsprozeß. Trotz dieser Erkenntnis kommt die Analyse der Farbwirkung dann in der unterrichtlichen Realisation zu kurz. Ist z. B. Werbung der Unterrichtsgegenstand, dann stehen das *inhaltliche* Umfeld des Produkts, der Slogan, angesprochene Normen und Werte, evtl. noch die Typographie im Blickfeld. Von Ausnahmen abgesehen wird die in der Werbung gezielt gesetzte – und teure! – Farbe bei der Analyse vernachlässigt.
- Die Möglichkeit, mit Farbe die Wirkung von Räumen zu verändern, wird allzuoft dem Fachhandel mit kleinen – nur zum Teil brauchbaren – Broschüren überlassen.

Der geschilderten Situation entsprechend gibt es in der didaktischen Literatur etliche Hinweise, aber Unterrichtseinheiten sind selten. Ausnahmen bilden kleinere Unterrichtsmodelle:

Prüll (Kunst und Unterricht, Heft 28, 1974) und Appel (Kunst und Unterricht, Sonderheft, 1975) beschäftigen sich mit dem Signalwert der Farben Rot und Gelb in der Umwelt und Werbung;

Eucker (Kunst und Unterricht, Heft, 63, 1980) beschäftigt sich mit der Wirkung von Farben bezogen auf die Landschaftsdarstellung;

Giffhorn (Politische Erziehung im ästhetischen Bereich, 1971) analysiert die Wirkung von Blau und Rot mit einem vereinfachten Polaritätsprofil und läßt Werbung analysieren;

Neuhardt (Zeitschrift für Kunstpädagogik, Heft 2, 1975) untersucht „Die Farbe Gelb in unserer Umwelt" in einem 10. Schuljahr, mit Berücksichtigung der *symbolischen* Bedeutung.

I. und H. Hinkel bringen in einer kleinen Unterrichtseinheit mit dem Thema „Wir malen unser Wetter selbst" in einem 1. Schuljahr die Schüler dazu, durch Mischen die Wirkung von Farbe zu verändern (Kunst und Unterricht, Heft 41, 1977).

Nach der oben dargestellten Situation kann der Stellenwert dieser Unterrichtseinheit ganz einfach beschrieben werden: es gilt einem erheblichen Mangel abzuhelfen.

Das soll in zwei Dimensionen geschehen. Es geht um

1. die Fähigkeit, die *Farbwirkung* in Anwendungsbereichen zu *analysieren*, die Mittel und Methoden transparent zu machen und
2. die Beherrschung *des Ausdruckswerts der Farbe* für eigene Mitteilungen und Gestaltungen.

An welchen *Inhalten* das geschehen und *wie* vorgegangen werden soll, wird in den beiden folgenden Kapiteln dargestellt.

3. Reduktion des Stoffes

Der grob skizzierte Rahmen (Werbung, Mode, Innenarchitektur, Tests, Kunst, Film, Fernsehen) ist bereits so umfassend, daß eine gründliche Behandlung aller genannten Inhaltsbereiche nicht möglich ist. Für eine Unterrichtseinheit ist deshalb eine Stoffreduktion notwendig. Da allein schon die Bereiche Kunst und Werbung mindestens je eine Unterrichtseinheit ausmachen würden, ist jede Stoffreduktion problematisch. Da es jedoch – bezogen auf die Schulsituation – realistisch ist, davon auszugehen, daß dieser Inhaltsbereich bei der allgemeinen Stoffülle nicht mehrmals behandelt werden kann, sollen folgende Inhaltsbereiche Gegenstand dieser Unterrichtseinheit werden: Werbung, Bildende Kunst, Innenarchitektur und entsprechende ästhetische Praxis.

Werbung soll deshalb behandelt werden, weil sie uns nicht nur täglich und überall erreicht, sondern weil sie über Farbe Assoziationen und Synästhesien hervorrufen und damit emotionalen Einfluß auf einen Kaufentscheid nehmen will. Dem Unterricht kommt deshalb die Aufgabe zu, die farbpsychologischen Mittel der Überredung transparent zu machen.

Innenarchitektur ist deshalb Unterrichtsgegenstand, weil im Gegensatz zur Werbung hier die Möglichkeiten gegeben sind, aktiv (eigenes Zimmer, eigene Wohnung) tätig zu werden. Dem Unterricht kann hier die Aufgabe zukommen, dem Schüler Möglichkeiten aufzuzeigen, Räume mit farblichen Mitteln in ihren Dimensionen optisch zu verändern und ein entsprechendes Raumklima zu schaffen, wobei jedoch deutlich zwischen *objektiven* Möglichkeiten einer optischen Dimensionsveränderung und der *subjektiven* Wahl des Farbklangs unterschieden werden soll.

Kunst ist Unterrichtsgegenstand, weil sie – um es ganz kurz zu sagen – ein konstitutiver Bestandteil unseres Faches wie unserer Kultur ist und der Aspekt Farbwirkung hier besonders betont werden soll.

Der Gesamtbereich psychologischer Farbwirkung muß für diese Unterrichtseinheit ebenfalls reduziert werden. Der eine Grund liegt in der Stoffülle, der andere liegt im Gegenstand selbst. Da etliche Bereiche empirisch nicht gesichert sind (siehe dazu Allesch in Heimendahl: Licht und Farbe, Berlin 1961 und Monika Nienstedt: Zur Anordnung der Farbtöne nach ihrer Eindrucksweise, Münster 1975). Deshalb sollen alle spekulativen und widersprüchlichen Bereiche fallengelassen werden. Es gilt deshalb auf einer *allgemeineren* Ebene Prinzipien von Farbwirkung – unter Berücksichtigung gesicherter Ergebnisse – herauszuarbeiten. Es sollten auch die Prinzipien sein, die in den oben genannten Inhaltsbereichen Werbung, Kunst und Innenarchitektur vielfältige Anwendung finden. Unter diesen Prämissen bleiben die Erdfarben, „kalte" und „warme" Farben, die wesentlichen Prinzipien einer Wirkungsveränderung durch Aufhellen, Abdunkeln und Trüben übrig. Sie sind noch um einige Aspekte assoziativer und synästhetischer Verknüpfung zu ergänzen. Näheres dazu in den Sachinformationen zu den Doppelstunden.

4. Methodische Vorüberlegungen

4.1 Induktives Verfahren

Die Unterrichtseinheit ist so konzipiert, daß die Schüler auf *induktivem* Wege möglichst selbständig zu Erkenntnissen kommen sollen.

Am Anfang steht keine „psychologische Farbenlehre", die auf eigene praktische Tätigkeit angewendet und zur Analyse von Bildwerken herangezogen werden soll. Diese einfältige „Regel – Anwendung" – Methode soll vermieden werden.

In dieser Unterrichtseinheit wird der umgekehrte Weg beschritten: aufgrund des Umgangs mit Farbe (Malen, Tests, Analysen von Bildern …) kommen die Schüler zu Erkenntnissen über die Funktion von Farbe, über die Farbwirkung. Die in Thesen formulierte Erkenntnis wird dann auf weitere Bereiche übertragen bzw. an ihnen überprüft. Damit wird auch gleichzeitig der Weg vom Einfachen zum Komplexen beschritten.

4.2 Ästhetische Praxis

Der praktische Umgang mit Farbe, das „Malen", hat mehrfache methodische Funktion. Es dient:
– als *Einstieg* in Probleme, um aus den Näherungswerten Erkenntnisse über die Farbwirkung im Sinne gemeinsamer Schnittmengen zu ziehen,
– als *Vertiefung,* um Erkenntnisse in komplexen Malaufgaben zusammenzufassen und
– als *Problemlöseverfahren,* um z. B. die Wirkungsveränderung von Innenräumen zu erproben. Dabei sind die farblichen Mittel angebrachter als die nur verbalen; Praxis für die Praxis.

Für das Malen spricht außerdem, daß man mehr Farbnuancen ermischen kann als uns Farbnuancen zur Verfügung stehen. Dieses differenzierte Artikulationsmittel für Mitteilungen und Gestaltungen sollen die Schüler beherrschen lernen.

4.3 Methodischer Aufbau der Unterrichtseinheit

Die Unterrichtseinheit gliedert sich in drei Teile.
Der erste Teil ist Voraussetzung für die Weiterarbeit im zweiten und dritten. In ihm werden Grundlagen gelegt. Die hier gewonnenen Erkenntnisse fließen in die folgenden Teile ein; siehe die Pfeile in der schematischen Übersicht, S. 12.
Der zweite Teil (Raumwirkung der Farbe, Luftperspektive, Innenarchitektur) steht mit dem dritten (Synästhesien, Assoziationen, Werbung) in nur indirektem Zusammenhang. Sie könnten deshalb ausgetauscht werden.
Wenn der Schwerpunkt auf den dritten Teil gelegt wird und nur wenig Zeit zur Verfügung steht, kann der zweite Teil notfalls fallengelassen werden.
Innerhalb der Teile sind die Doppelstunden im wesentlichen so konzipiert, daß sie aufeinander aufbauen. Innerhalb der Doppelstunden gilt gleiches für die Unterrichtsschritte.

5. Hinweise zum Gebrauch des Heftes

Diese Unterrichtseinheit ist mehrfach erprobt und korrigiert worden: entweder im 9. oder 10. Schuljahr. Die Erprobung fand in der Hauptschule, der Realschule und im Gymnasium statt. Trotz der Erprobung bleibt ein Problem bestehen:
Die Anpassung dieser Einheit an die jeweilige Klassen- bzw. Schulsituation und an den Lehrer, der diese Einheit benutzt. Das gilt allerdings bei allen Unterrichtsmodellen, in welchem Fach auch immer. Diese Unterrichtseinheit versteht sich deshalb als erprobter *Vorschlag,* der vom Lehrer für seine Klasse den Voraussetzungen entsprechend variiert werden soll.
Um dem Lehrer Möglichkeiten der Variation anzubieten, werden an etlichen Stellen der Unterrichtseinheit Alternativen angeboten.
Für die in der 11. Doppelstunde vorgesehene Analyse von Werbebeispielen in Gruppenarbeit müssen aus Illustrierten ähnliche Beispiele im voraus gesammelt werden (Hinweise dazu werden gemacht).

6. Schematische Übersicht über die Gliederung der Unterrichtseinheit

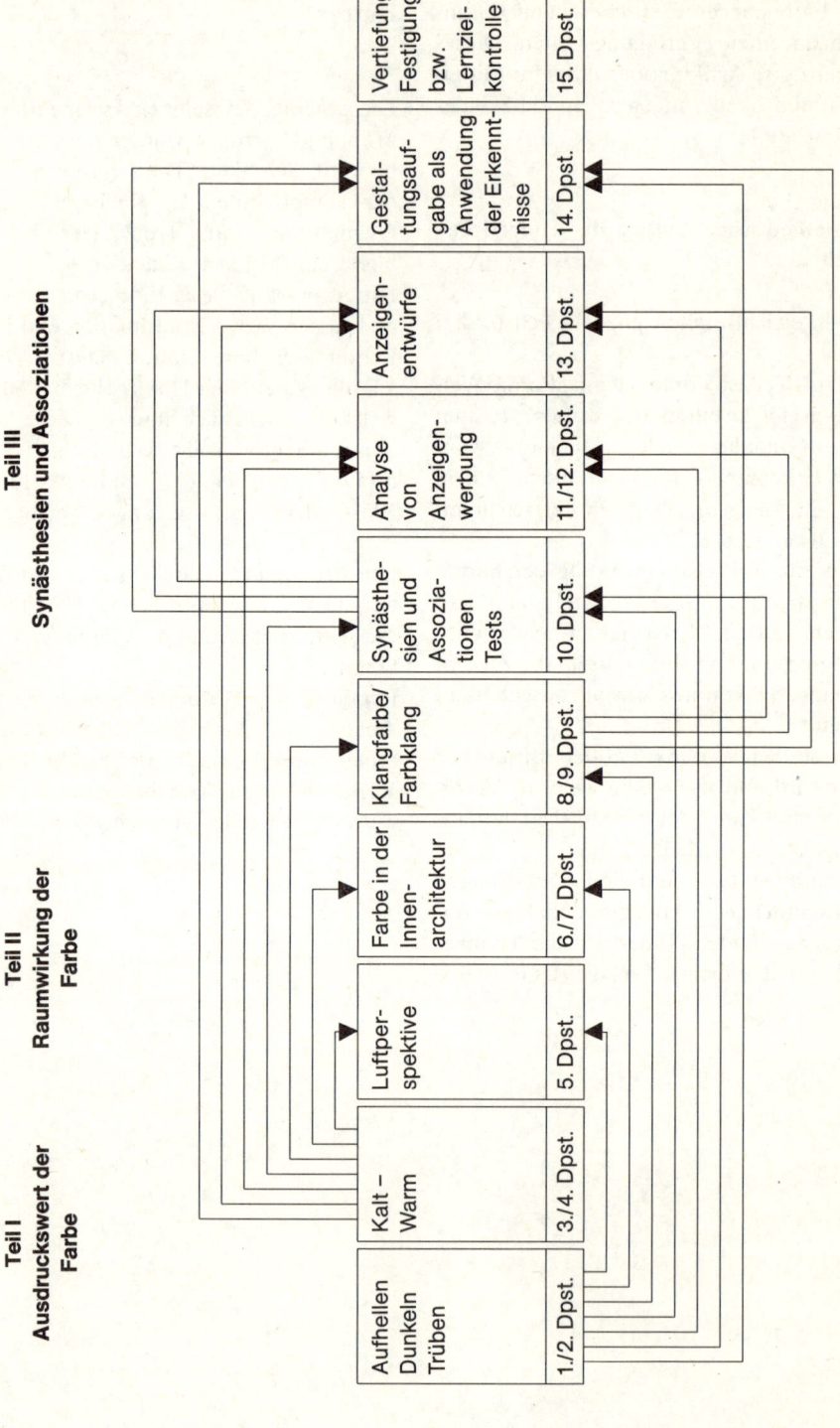

Teil I	Teil II	Teil III
Ausdruckswert der Farbe	Raumwirkung der Farbe	Synästhesien und Assoziationen

Die Pfeile zeigen, wie Erkenntnisse aus vorangegangenen Stunden in die folgenden einfließen.

II Beschreibung der Unterrichtsstunden

Teil I: Ausdruckswert der Farbe

Sachinformation

Mit der Überschrift „Ausdruckswert von Farbe" ist hier nicht der Ausdruckswert der einzelnen Farbe gemeint, wie sie z. B. Goethe im didaktischen Teil der Farbenlehre beschreibt: „Sie (die gelbe Farbe) führt in ihrer höchsten Reinheit immer die Natur des Hellen mit sich und besitzt eine heitere, muntere, sanft reizende Eigenschaft" (§ 766). Die Wirkung der einzelnen Farben zu behandeln wird in dieser Unterrichtseinheit absichtlich gemieden, da die vorliegenden empirischen Untersuchungsergebnisse zu widersprüchlich sind (vergleiche hierzu z. B. die Untersuchungen von F. Stefanescu-Goanga mit G. J. von Allesch in E. Heimendahl: Licht und Farbe, 1961 und M. Nienstedt, Zur Anordnung der Farbtöne nach ihrer Eindrucksweise, 1975).
Der Begriff „Ausdruckswert der Farbe" dieses ersten Teils der Unterrichtseinheit meint dagegen eine allgemeinere Ebene der Farbwirkung, bei der Aussagen eindeutiger sind. Es sind dies die aktive Veränderung von Farbe durch das Aufhellen mit Weiß, das Dunklen mit Schwarz (Braun) und das Trüben mit Grau. Durch diese drei verschiedenen Mischungsmöglichkeiten wird der Ausdruck der Farben und ihre Wirkung wesentlich verändert; die Farben verändern ihren „Charakter". Einige Autoren sprechen in diesem Zusammenhang auch von Stimmungswert der Farben.
Der grundsätzliche Unterschied dieser drei Mischungsmöglichkeiten soll kurz an der Farbkugel an der Farbe Grün aufgezeigt werden.

Auf der Kugeloberfläche, oberhalb des Äquators, befinden sich alle aufgehellten Farben, von der reinen Farbe am Äquator über viele immer hellerwerdende Farben bis zum Weiß. Unterhalb des Äquators alle gedunkelten (oder abgedunkelten) Farben. Im Kugelinneren befinden sich alle getrübten Farben, von der Kugeloberfläche bis zur Grauachse nimmt die Trübung immer mehr zu.

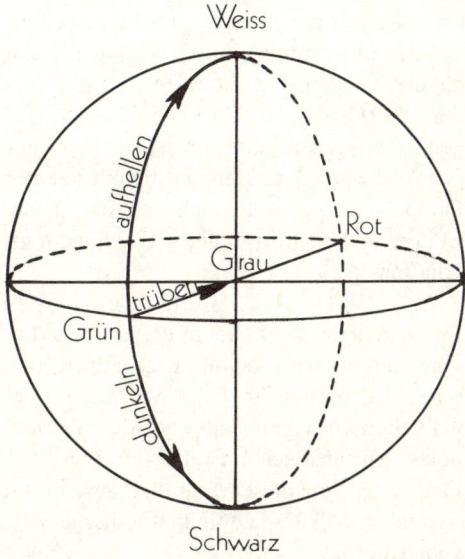

Nach dieser klaren Trennung der Begriffe muß allerdings eine kleine Einschränkung gemacht werden. Da die Pigmente nicht ganz rein sind, das Deckweiß eigentlich ein ganz helles Grau ist, enthält jede Aufhellung mit Weiß immer ein Minimum an Trübung. Gleiches gilt für das Abdunkeln mit Schwarz, eigentlich ein ganz dunkles Anthrazit. Dominant ist jedoch das Aufhellen, das Dunkeln. Deshalb soll – auch aus methodischen Gründen – zwischen den Begriffen Aufhellen, Dunklen, Trüben klar unterschieden werden.

1./2. Doppelstunde:
Ausdruckswert der Farbe:
Aufgehellte, gedunkelte und getrübte Farben

Methodische Vorbemerkungen

Falls schon ausreichende Grundkenntnisse über die Wirkung von aufgehellten, gedunkelten und getrübten Farben vorliegen, kann auf diese erste Doppelstunde verzichtet werden. Falls auf keine Vorkenntnisse zurückgegriffen werden kann, ist es sogar ratsam, das Aufhellen, Dunklen, Trüben in je einer Doppelstunde zu behandeln, um ein für die weitere Arbeit notwendiges Fundament zu schaffen.

Im folgenden wird ein mittlerer Weg beschritten. Es wird davon ausgegangen, daß schon Kenntnisse über die Mischungsmöglichkeiten vorliegen, daß aber die *Wirkung* noch nicht ausreichend reflektiert wurde.
Geht man von dieser Prämisse aus, ergibt sich folgende kurzgefaßte methodische Vorgehensweise:
Den Schülern werden die Mischungen (Aufhellen mit Weiß, Dunkeln mit Schwarz, Trüben mit Grau) vorgegeben. Die Klasse wird dann in drei Gruppen aufgeteilt (arbeitsteiliges Verfahren).
Bei der Besprechung der praktischen Arbeiten am Ende der Doppelstunde werden entsprechende Arbeiten der drei Gruppen einander gegenübergestellt und im Vergleich die unterschiedliche *Wirkung* herausgearbeitet und das Ergebnis an der Tafel festgehalten.

Ziel der Stunde

Die Schüler sollen in die psychologische Farbwirkung eingeführt werden.

Teilziele der Stunde

- Die Schüler sollen das
  - Aufhellen mit Weiß
  - Dunkeln mit Schwarz
  - Trüben mit Grau
  wiederholen bzw. kennenlernen.
- Sie sollen die unterschiedliche Wirkung der drei Mischungsmöglichkeiten unterscheiden.
- Sie sollen dabei die Wirkung – je nach Mischungsanteil – differenzieren können.
- Sie sollen die jeweilige optische Wirkung ins Medium Sprache übersetzen können.
- Sie sollen die gewonnenen Erkenntnisse auf adäquate Kunstwerke übertragen können (Transfer).

Materialien

- Zeichenblock DIN A 3
- Deckfarbkasten und ausreichend Deckweiß
- Borstenpinsel
- Wassergläser
- Reproduktionen:
Aufhellen:
- C. Monet: „Sommer", Klett-Schulgalerie (Großformat: Nr. 94368; aufgeblockt: Nr. 94371) oder J. Ensor: „Seltsame Masken", Klett-Schulgalerie (Nr. 94409)

Dunkeln:
- F. Marc: „Tierschicksale", Klett-Schulgalerie oder El Greco: „Blick auf Toledo", Klett-Schulgalerie (Nr. 94761)
Trüben:
- K. Spitzweg: „Der arme Poet", Klett-Schulgalerie (Nr. 94380) oder P. Breughel d. Ä.: „Das Gleichnis von den Blinden"

Unterrichtsverlauf

1. Unterrichtsschritt

Der Lehrer führt in das Vorhaben der Stunde ein und nennt die Möglichkeiten der Farbänderung, die an der Tafel festgehalten werden (s. Tafelanschrieb, Stundenblatt).

2. Unterrichtsschritt

Den Schülern wird nun die Aufgabe gestellt, eine hügelige Landschaft zu malen, entweder mit aufgehellten, gedunkelten oder getrübten Farben. Nach einem evtl. nötigen kurzen Gespräch zu Sachproblemen wird die Klasse nach freier Wahl in drei Gruppen eingeteilt und zur praktischen Bearbeitung (Realisierungsphase) aufgefordert.
Während dieser Realisierungsphase hilft der Lehrer bei evtl. auftauchenden Mischungsproblemen. So ist z. B. der Hinweis wichtig, daß es mischtechnisch günstiger ist, erst das Deckweiß auszudrücken und dann etwas Farbe hineinzumischen, bzw. erst ein entsprechendes Mittel-Hellgrau zu mischen und dann Farbe hinzuzugeben. Dadurch wird nicht nur Deckweiß gespart, es gelingen auch subtilere Mischungstöne.

3. Unterrichtsschritt

Nach Abschluß der Arbeiten (wenn der größte Teil der Schüler fertig ist) wird eine Besprechung notwendig.

Idealerweise sitzen die Schüler bei der Besprechung der Arbeitsergebnisse im Halbkreis vor einer Stecktafel, an der entweder alle oder eine vom Lehrer getroffene Auswahl aus Arbeiten der drei Grupen angepinnt wird. Nach den ersten affektiven Äußerungen der Schüler lenkt evtl. der Lehrer das Gespräch auf die unterschiedliche *Wirkung* der verschiedenen Landschaften, Wetter- und Stimmungsassoziationen. Bei dieser Besprechung ist es wichtig, daß
1. die unterschiedliche Wirkung der einzelnen Möglichkeiten herausgearbeitet wird, daß außerdem
2. die differenzierte Wirkung innerhalb *einer* Ausdrucksmöglichkeit reflektiert wird.

So wirken z. B. Farben mit einem geringen Weißanteil süßlich (Schüleraussagen: „Bonbonfarben", „kitschig", „wie Eis und Torte in England", „süßlich").
Ist dagegen der Weißanteil sehr hoch, wirken die Farben sehr zart, blaß.
Die Ergebnisse dieses Unterrichtsgesprächs werden an der Tafel in Form einer Tabelle festgehalten (siehe Tafelbild Stundenblatt).
Es steht im Ermessen des Lehrers, ob er im Anschluß an die Besprechung bei gleicher Sitzordnung entsprechende Kunstreproduktionen im Unterricht vorstellt, um die gewonnenen Erkenntnisse auf die komplexeren Kunstwerke zu übertragen (Transfer).
Es ist der didaktisch beste Ort, da durch die vorausgegangene praktische Arbeit und die Reflexionsphase über die Farbwirkung der Einstieg entsprechend einfach ist.

4. Unterrichtsschritt

Es ist weniger das Ziel dieses Schrittes, das Gelernte durch Wiederholung zu festigen, als das gleiche Farbproblem an einem anderen Inhalt zu entdecken, und es ist noch mehr das Ziel, einen gleichen (oder ähnlichen) Farbwirkungsaspekt differenzierter

an einem komplexen Kunstwerk zu entdek-
ken, und damit auch einen Einstieg zur Ent-
schlüsselung eines Kunstwerks zu bekommen.
Bei den Erprobungen haben sich folgende
Reproduktionen als brauchbar erwiesen:

1.a) Ensor: Masken
Kontrast zwischen aufgehellten und reinen Farben und Hell-Dunkel-Kontrast.
Sich aus dem hellen Hintergrund „ent-
wickelnde" fahle Gespenster, nach
vorn zu immer konkreter, farbintensi-
ver werdend.
 b) Monet: Sommer
Stark aufgehellte warme und kalte Farben vermitteln den Eindruck eines
lichtdurchfluteten Sommers.
2.a) Marc: Tierschicksale
Durch gedunkelte Farben eine düstere
bis unheimliche Stimmung, in der mit
kubistischen Mitteln das Schicksal von
Tieren dargestellt ist (Reh – Wolf).
 b) El Greco: Blick auf Toledo
Durch das mit Schwarz gedunkelte
Blau und Grün wirkt das Bild dunkel
und düster. Die hellen Wolkenränder
und die hellgrauen Gebäudeteile stehen
zu den gedunkelten Tönen in Kontrast
und geben dadurch dem dunklen und
düsteren Eindruck noch zusätzlich einen
unheimlichen Aspekt.
3.a) Spitzweg: Der arme Poet
Durch mehr oder weniger getrübte Farben wird die arme, triste Situation farb-
lich dargestellt.
 b) P. Breughel d. Ä.: Das Gleichnis von
den Blinden
Alle Farben des Bildes sind mehr oder
weniger stark getrübt. Der hoffnungslo-
se Eindruck, den die orientierungslo-
sen Blinden machen (inhaltlich), die
auf einer abfallend wirkenden Schräge
(formaler Aufbau) sich auf das Wasser
zu bewegen, wird durch die triste Farbigkeit entsprechend unterstützt.

Folgende Leitfragen können beim Transfer
behilflich sein:
– Ordnet diese Reproduktionen von Kunst-
werken euren Landschaften zu.
– Begründet die Zuordnung.
– Beschreibt die Wirkung des Bildes.
– Gibt es einen Bezug zwischen dargestell-
tem Inhalt (o. Titel) und der Farbwahl?
– Überlegt in diesem Zusammenhang die
Absicht (Aussage) des Künstlers.

An dieser Stelle ist dringend anzumerken,
daß auch bei der Erprobung dieser Unterrichtseinheit nur zwei Klassen die praktische
Arbeit *und* Besprechung *und* Transfer in
einer Doppelstunde bewältigten. In den anderen Fällen der Erprobung wurden – bei
gründlicher praktischer Arbeit und gründli-
chem Transfer – jeweils zwei Doppelstunden benötigt.

3./4. Doppelstunde:
Ausdruckswert der Farbe:
Warme und kalte Wirkung

Sachinformation

Die dritte und vierte Doppelstunde beschäftigt sich mit der „kalten" bzw. „warmen"
Wirkung von Farben. Es handelt sich hier
um eine Farbe-Gefühl-Verknüpfung, bei der
Farben mit Temperaturempfindungen kor-
relieren. Es soll hier nicht die Diskussion
geführt werden, ob es sich dabei um ein
angeborenes oder erlerntes Empfinden handelt: hier soll nicht auf der psychologischen
Ebene diskutiert werden – die Verknüpfung
ist da, sie wird vielfältig benutzt (Werbung,
Kunst, Wohnraumgestaltung). Es spricht allerdings dafür, daß es sich um einen Lern-
prozeß handelt:
Schon die Erfahrung von Feuer, Eis, Schat-

ten im Schnee, schattigem Laubwald ist jeweils gekoppelt mit den Farben Rot und Orange, Türkis, Blau, Blaugrün. Wenn nun auf eine solche Naturerfahrung z. B. in der Werbung durch direkte Naturabbildung oder durch Assoziation, die eine Abbildung hervorruft, aufgebaut wird, handelt es sich um eine Wiederholung dieses Lernprozesses im Bereich der Massenmedien, und damit um eine verstärkende Wirkung (z. B. Bundesbahn- und Ganzjahresreifenwerbung). In beiden Werbebeispielen stehen sich jeweils Winter- und Sommerabbildungen gegenüber. Durch spezifische fotografische und druckgraphische Verfahren wird das Weiß des Schnees bläulich dargestellt, das Sommerbild zeigt alle Farben nach Orange hin verschoben (z. B. durch orangene Filter).

So eindeutig die Koppelung zwischen Feuer-Orangerot und Eis-Blau ist, so muß doch angemerkt werden, daß es oft schwierig ist, eine Farbe als „kalt" oder „warm" zu bezeichnen, denn viele Beziehungen sind relativ. Die relative – kalte oder warme – Wirkung einer Farbe ist abhängig von den anderen Farben, in deren Umwelt sie steht: Je nach Umfeld kann eine Farbe mal wärmer, mal kälter wirken. Das gilt allerdings nur für die nicht sehr eindeutigen Farben. Die beiden *eindeutigen* Pole sind Orangerot als wärmste und Türkis (richtiger: Cyanblau) als kälteste Farbe.

Nehmen wir die Farben des zwölfteiligen Farbkreises, dann können dem Warm und Kalt noch ziemlich eindeutig folgende Farben zugeordnet werden:

Warme Farben:	*Kalte Farben:*
Gelborange	Blaugrün
Orange	Cyanblau
Orangerot	Blau
Rot	Blauviolett

Schwierigkeiten bei der Zuordnung stellen sich bei Gelbgrün und Violett ein. In Ellen

Marx „Die Farbkontraste" (Ravensburg 1973, S. 164 ff.) wird die relative Beziehung des Gelbgrün sehr klar verdeutlicht. In der blaugrünen Farbreihe ist das Gelbgrün die *relativ* wärmste Farbe, in der orangefarbenen Reihe die *relativ* kälteste Farbe. Ebenso demonstriert E. Marx die relative Beziehung an Rotviolett (S. 168/171).

Beides, die Eindeutigkeit und die relative Beziehung, soll im folgenden Unterricht angesprochen werden und auf die Wirkung hin geprüft werden. Neben den relativen Beziehungen gibt es eine weitere Schwierigkeit, Aussagen über Warm-Kalt zu bewerten. Bei ungeschulten und auch jüngeren Schülern wird sehr oft die Farbe als wärmste bezeichnet, die die *Lieblingsfarbe* ist. Der affektiv positive Bezug führt dazu, daß eine objektiv kalte Farbe als subjektiv warm empfunden wird. (Näheres dazu in Frieling: Farbe hilft verkaufen, Göttingen 1967, S. 32)

Zur Wirkung von „kalten" und „warmen" Farben äußern sich viele Verfasser. Hierzu soll nun eine kurze Auswahl gegeben werden:

– F. Birren (Color Psychology and Therapy, New York, 1950) stellte fest, daß helle und warme Farben das autonome Nervensystem anregen, was sich durch steigenden Blutdruck und erhöhten Pulsschlag zeigte. Bei kalten und dunklen Farben zeigten sich umgekehrte Wirkungen.

– Itten berichtet von blaugrün bzw. orangerot gestrichenen Arbeitsräumen bei konstanter Temperatur von 15° Celsius, die jedoch unterschiedlich auf das Wärmeempfinden wirkten.

– Blaulichtbestrahlung wird als „entzündungshemmendes" Therapiemittel vom Zahnarzt eingesetzt. (Siehe Frieling, Das Gesetz der Farbe, Göttingen 1968, S. 186)

Über die psychosomatischen und physiologischen Reaktionen auf warme und kalte Farben wird in mancher Literatur sehr simplifizierend berichtet. Differenziert wird der

Komplex in Frieling, 1968, S. 183–191 dargestellt.

Die raumschaffende Wirkung der Farbe

Im Kapitel über die „sinnlich-sittliche Wirkung der Farbe" beschreibt J. W. v. Goethe diesen Aspekt:
- „Man darf eine vollkommen gelbrote Fläche starr ansehen, so scheint sich die Fläche wirklich ins Organ zu bohren ..." (§ 776)
- „Wie wir den hohen Himmel, die fernen Berge blau sehen, so scheint eine blaue Fläche auch vor uns zurückzuweichen." (§ 780)
- „Zimmer, die rein blau austapeziert sind, erscheinen gewissermaßen weit ..." (§ 783)

Diese Erkenntnis, daß warme Farben auf uns zukommen und kalte vor uns zurückzuweichen scheinen, ist durch optische Präsentation in Versuchen bestätigt worden. Diese Raumwirkung der Farbe ist auch Grundlage der Landschaftsmalerei. Die Abfolge von warmen Farben im Vordergrund bis zu kalten Farben im Hintergrund (das „Verblauen") ist seit der Entdeckung der Luftperspektive (15. Jahrhundert) in der europäischen Malerei angewendet worden. Es verstärkt beim gemalten Bild die Vortäuschung der dritten Dimension auf der Fläche. Die Impressionisten entdeckten die „warme" beleuchtete Seite des Gegenstandes und malten die Schatten nicht mehr dunkel, sondern bläulich. Bei Cézanne sind neben den geometrischen Prinzipien warme und kalte Farben als Bezugsgrößen von Fläche und Raum Bausteine beim Entstehen seiner Bilder.

Da in der Landschaftsmalerei, der Innenarchitektur, der Werbung Kalt-Warm ein wesentliches Gestaltungsmittel ist, wird es in dieser Unterrichtseinheit an verschiedenen Stellen auftauchen.

In dieser Doppelstunde sollen dafür einige Grundlagen gelegt werden.

Methodische Vorbemerkungen

Der folgende Unterricht enthält vier Unterrichtsabschnitte: eine praktische Malaufgabe, Arbeit mit Farbkarten und Diapositiven, Wirkungsanalyse mittels eines Polaritätenprofils und Kunstbetrachtung.

Da auf ein systematisch aufgebautes Curriculum meist leider nicht zurückgegriffen werden kann, begannen auch alle Erprobungen mit einer praktischen Malaufgabe. Deshalb soll auch hier dieser Weg dargestellt werden (Alternativen am Ende der Doppelstunde). Durch die intensive praktische Arbeit konnten natürlich die vier oben genannten Unterrichtsabschnitte nicht in einer Doppelstunde bearbeitet werden, da die praktische Arbeit mindestens eine Doppelstunde beansprucht. Deshalb wurde jeweils noch eine weitere Doppelstunde hinzugenommen.

Für die praktische Aufgabe muß nun ein geeignetes Motiv gefunden werden. Es muß sachlogisch oder inhaltlich den Kalt-Warm-Kontrast herausfordern, sollte jedoch auch die Interessenslage und das Alter der Schüler berücksichtigen. Das Motiv sollte deshalb von jedem Lehrer, auf seine Klasse bezogen, frei gewählt werden. Bei der Erprobung wurde das Motiv „Frost – Dämmerung-Annäherung an die verschneite Skihütte mit erleuchteten Fenstern" gewählt, da bei der Erprobung jeweils ein Landheimaufenthalt im Winter vorausgegangen war, der Kalt-Warm-Kontrast inhaltlich eingeschlossen ist und bereits damit die Analyse der Jonny-Walker-Werbung (s. 10./11. Doppelstunde) vorbereitet wurde.

Ziel der Stunde

Die Schüler sollen die Wirkung von warmen und kalten Farben kennenlernen und anwenden können.

Teilziele der Stunde

(in der Reihenfolge der Unterrichtsschritte)

Die Schüler sollen
- den Inhalt eines Motivs mit adäquaten farblichen Mitteln als Näherungswert zum Ausdruck bringen können;
- die Mittel in der Besprechung benennen;
- eine empirische Methode (Polaritätsprofil) anwenden und die gemeinsame Schnittmenge von Kalt-Warm-Wirkungen erkennen;
- anhand von Farbkarten und Diapositiven die relative Beziehung feststellen;
- das Gelernte auf entsprechende Kunstwerke übertragen;
- die inhaltliche Aussage über die Wirkung der Farbe erschließen.

Materialien

- Zeichenblock DIN A 3
- Deckfarbkasten, Deckweiß
- Borstenpinsel
- Wassergläser
- Diapositive E. Marx, a. a. O., S. 164/167/168/171 oder vom Lehrer angefertigte Farbtabelle zur relativen Wirkung von Violett und/oder Gelbgrün.
- Farbkarten (selbstgestrichen oder aus Farbtonpapier geschnitten) mit mindestens zwölf Tönen des Farbkreises einschließlich etlicher Brauntöne.
  Hinweis: Zu J. Ittens „Kunst der Farbe"

gibt es ein Materialienheft (vom Otto-Maier-Verlag Ravensburg) mit den dafür idealen Farbtonpapieren.
- Kunstreproduktionen:
  1. Warm: M. Rothko, „Orange und Gelb", Klett-Schulgalerie (Großformat: Nr. 94731, aufgeblockt: Nr. 94439)
  2. Kalt: R. Dufy, „Mittelmeerische Szene", Klett-Schulgalerie (Nr. 94778)
  3. Erdfarben: L. le Nain, „Bauernfamilie", Klett-Schulgalerie (Nr. 94763)
  4. Warm-Kalt: Fr. Goya, „Stierkampf", Klett-Schulgalerie (Nr. 94751)
  oder V. v. Gogh, „Das Café am Abend"
- Pro Schüler ein Arbeitsbogen mit zwei Polaritätsprofilen.

Unterrichtsverlauf

1. Unterrichtsschritt

Die Problemstellung für die praktische Arbeit erfolgt durch eine kurze Schilderung des Lehrers. Stichworte der Schilderung: (Ski-)Wanderung, Kälte, Frost, Hunger, Dämmerung – endlich wird die verschneite Skihütte mit den leuchtenden Fenstern erreicht. Bei dieser Schilderung sollte der Lehrer allerdings keinen Hinweis auf kalte oder warme Farben geben, da die Schüler selbst die adäquaten Farben finden sollen, um einerseits die draußen herrschende Kälte, das Frieren, andererseits die in der Hütte herrschende Wärme, das Gemütliche – angezeigt durch die Fenster – zum Ausdruck bringen.
Zur Vereinfachung des Motivs, aber auch zur Hervorhebung des Farbproblems sind nicht die (Ski-)Wanderer, sondern die sehnsuchtsvoll erwartete Skihütte das Motiv.
Bei der *Besprechung* der Arbeiten steht deshalb auch dieser Gegensatz – draußen kalt, innen warm – im Mittelpunkt.

2. Unterrichtsschritt

Die Schüler arbeiten praktisch, der Lehrer kontrolliert, ob die Einführung richtig verstanden wurde und gibt individuelle Hilfen.

3. Unterrichtsschritt

Für die Besprechung werden die Arbeiten an der Stecktafel (Klemmleiste) befestigt. Die Schüler sollen die Arbeiten heraussuchen, bei denen die Kälte bzw. die Wärme, das Einladende der Hütte besonders deutlich werden. Sind diese Arbeiten herausgefunden worden, sollen die Mittel, mit denen dieser Eindruck hervorgerufen wird, analysiert werden. Neben inhaltlichen Mitteln, wie z. B. lange Eiszapfen, sind die für die Wirkung adäquaten Farben zu nennen. So wird sich z. B. herausstellen, daß die mit Gelb gemalten Fenster zwar mehr leuchten, daß aber die mit Orange gemalten mehr Wärme, mehr Gemütlichkeit ausstrahlen, daß z. B. mit etwas Weiß aufgehellte grünblaue Töne kühler wirken als blaue. Falls einige Schüler bei der Besprechung die Meinung äußern sollten, daß sie das nicht einsehen würden, daß die Wahl der Farbe doch Geschmacksache sei, dann entspricht das durchaus dem Konzept: die Malaufgabe war die assoziative *Annäherung* an das Problem!

4. Unterrichtsschritt

Dieser Unterrichtsschritt hat die Aufgabe, den Schülern zu zeigen, daß trotz der abweichenden Meinung einiger Schüler in der Klasse eine große gemeinsame Schnittmenge bei der Farbe-Gefühl-Verknüpfung bezogen auf Kalt-Warm vorliegt. Die Auswertung des Polaritätenprofils soll den Schülern diese prozentuale hohe Gemeinsamkeit demonstrieren und außerdem einen Einblick in ein vereinfachtes empirisches Verfahren geben.
Jeder Schüler bekommt ein Blatt mit den im losen Stundenblatt abgebildeten Tabellen.

Idealerweise stellt der Lehrer zwei größere Schautafeln mit Orangerot und Türkis – richtiger Cyanblau – sichtbar auf. Der Lehrer erklärt das Verfahren. Die Schüler machen einen Punkt in die Mitte des ihnen entsprechenden Feldes und verbinden anschließend die Punkte von oben nach unten, (s. Beispiel auf dem losen Stundenblatt), so daß eine (Zickzack-)Linie entsteht, die das Charakterbild dieser Farbe für diese Person darstellt.
Während die Schüler die Polaritätenprofile ausfüllen, zeichnet der Lehrer die Raster an die Tafel. Der empirisch vorgebildete Lehrer weiß natürlich, daß eigentlich jedes Feld einen Zahlenwert besitzt, und daß Signifikanzen jetzt errechnet werden müßten. Falls diese Kenntnisse vorliegen, kann er es tun.

5. Unterrichtsschritt

Zusammenfassung der Ergebnisse
Bei der Erprobung wurde eine empirisch ungenaue, aber *anschauliche* Zusammenfassung benutzt. Die Schüler, die ihren Arbeitsbogen ausgefüllt hatten, gingen nach vorn an die Tafel und trugen ihre (Zickzack-)Linie in das vom Lehrer angezeichnete große Raster ein, wobei darauf geachtet wurde, daß z. B. gleichlaufende Linien nicht *über*einander, sondern *dicht* nebeneinander gezeichnet wurden. So entstehen an einigen Stellen dicke Balken oder Punkthäufungen, die sehr anschaulich die großen Gemeinsamkeiten dokumentieren, und Streulinien, die Abweichungen deutlich machen.
In der sich ergebenden Diskussion über *Abweichungen* sollte deutlich werden, daß z. B. „schön" und „häßlich" Begriffe sind, die je nach *individueller* Farbbevorzugung sowohl Orangerot als auch Cyanblau zugeordnet werden können. Mit Abschwächung gilt Ähnliches für das Begriffspaar „angenehm-unangenehm".
Die *Gemeinsamkeiten* werden sich bei „kalt" bzw. „warm" ergeben. Bei den Er-

probungen waren es circa 80% im Durchschnitt. Bei „gemütlich" und „ungemütlich" ergeben sich auch Gemeinsamkeiten, da „gemütlich" indirekt mit „warm" gekoppelt ist.

An dieser Stelle des Unterrichts taucht erstmals der Unterschied zwischen *individueller* Farbbevorzugung und mehr oder minder *allgemeingültiger* Gesetzmäßigkeit auf.

Diese Unterscheidung fällt Schülern nicht leicht, deshalb wird dieses Problem noch zweimal in dieser Unterrichtseinheit auftauchen.

Anmerkung: Ist die Klassenstärke sehr hoch, hat es sich als organisatorisch günstig erwiesen, die Schüler in zwei gleichstarke Gruppen zu teilen, und nur je ein Raster ausfüllen zu lassen.

6. Unterrichtsschritt

Die Schüler sitzen in Kreisform, die Farbkarten in circa DIN-A5-Format liegen auf dem Boden in der Mitte. Falls eine große Stecktafel zur Verfügung steht, empfiehlt sich der Halbkreis mit den möglichst ungeordnet angepinnten Farbkarten. Neben den zwölf Farben des Itten-Farbkreises (Gelb, Gelborange, Orange, Rotorange, Rot, Rotviolett, Violett, Blauviolett, Blau, Blaugrün, Grün und Gelbgrün) sollten noch verschiedene Erdfarben (Ocker, Siena, Umbra) hinzugenommen werden. Da das Blaugrün Ittens nicht so „kalt" ist wie das Cyanblau (Türkis), ist es zur Ergänzung und wegen des Rückbezuges mit notwendig. Die ungeordnet liegenden (bzw. angehefteten) Farbkarten sollen von Schülern so geordnet werden, daß die eindeutig (nach Meinung der Schüler) warmen Farben von den eindeutig kalten Farben getrennt und zu Reihen gelegt werden:

kalte Reihe: Blaugrün, Cyanblau, Blau
warme Reihe: Orange, Rotorange, Rot

Nach der vorausgegangenen praktischen Arbeit und dem Ergebnis des Polaritätenprofils dient diese Ordnungsaufgabe der Wiederholung und Festigung.

7. Unterrichtsschritt

Als nächstes sollen die Schüler die Reihen durch einige weitere Farben zu erweitern versuchen: z. B. die kalte Reihe durch Grün, die warme Reihe durch Gelborange. Bei dem Versuch Blauviolett der kalten Reihe, Rotviolett der warmen Reihe, Gelbgrün der kalten Reihe zuzuordnen, müßte bei einigen Schülern Widerspruch auftauchen und eine kontroverse Diskussion geführt werden. (Anmerkung: die Erdfarben sollten der warmen Reihe zugeordnet werden.)

In dieser Unterrichtssituation setzt der Lehrer die nachgemischte Farbtabelle oder die Diapositive nach E. Marx ein. Die genaue Betrachtung soll (siehe Sachinformation) den Schülern den relativen Kalt-Warm-Bezug des Violett-Tones verdeutlichen.

Gleiches gilt für Gelbgrün: In der Umgebung von Orange, Rotorange, Rot ist Gelbgrün die relativ kälteste Farbe, in der Umgebung von Blaugrün, Cyanblau, Blau ist Gelbgrün die relativ wärmste Farbe. Ähnlich wie hier sollte das Ergebnis – nach dem Legen relativer Reihen – an der Tafel fixiert werden.

Durch diesen Unterrichtsschritt soll die Farbe-Gefühl-Verknüpfung bezogen auf den Temperaturwert differenziert werden.

8. Unterrichtsschritt

Die gewonnenen Erkenntnisse sollen nun auf Kunstwerke übertragen werden. Die o. g. Reproduktionen aus der Klett-Schulgalerie sind Beispiele und können jederzeit durch ähnliches Material ausgetauscht oder erweitert werden.

Das Bild von R. Dufy „Mittelmeerische Szene" wurde wegen der dominant kühlen Farbwirkung ausgewählt, es dokumentiert inhaltlich Sommerfrische.

Das Bild von Fr. Goya „Stierkampf" steht für dominant warme Farbgebung (Rot bis Braun) und zeigt nicht nur die Hitze im südlichen Stadion, sondern auch den hitzigen Kampf, wobei die unscharfen Konturen das Atmosphärische und die Bewegtheit der Szene unterstützen. Die wenigen gezielt gesetzten, sehr kalten Farben einiger Kleidungsstücke machen als Minor im Kalt-Warm-Kontrast die Wärme, die Hitze noch deutlicher.

Das Bild von Louis le Nain „Die Bauernfamilie" mit seinen Erdfarben zeigt warme Farben (z. B. Feuer, Weinglas, Kleidung, Boden, Hindergrund). Als Rückbezug zur ersten Doppelstunde sollen die Schüler jedoch auch erkennen, daß Brauntöne mit Grau getrübt wurden (einige). Die Farbwahl korrespondiert mit der inhaltlichen Aussage, daß die Kleidung ärmlich, teilweise zerrissen dargestellt wird. Diese Aussage wird unterstützt durch den Gesichtsausdruck der Erwachsenen. Die Farbe Braun hat hier auch symbolische Bedeutung: Bauernfamilie – Acker – Erdfarben.

Bei der Betrachtung dieser Reproduktionen sollen die Schüler „Kalt", „Warm", und „Kalt-Warm-Kombinationen" erkennen, die relativen Bezüge entdecken und die Farbwahl mit der inhaltlichen Aussage der Bilder zusammenführen. Es bliebe an der formalen Oberfläche, wenn die Betrachtung der Kunstwerke nur dazu benützt würde feststellen, daß hier kalte, dort warme Farbe, und dort kalte und warme Farben benutzt wurden.

Alternativen

Je nach Wissensstand der Klasse und dem Arbeitsstil des Lehrers kann sich eine andere Reihenfolge der Unterrichtsschritte ergeben.

So könnte z. B. mit dem Polaritätenprofil zur Analyse der Wirkung von Orangerot und Türkis (Cyanblau) begonnen werden. Nach den daraus gewonnenen Erkenntnissen fällt die Kunstbetrachtung relativ leicht. Die differenzierte Diskussion an Farbkarten (DIN A5), welche Farbe warm, welche kalt ist, führt weiter zur relativen Beziehung von Kalt-Warm. Ergänzt wird diese Diskussion durch ein Diapositiv oder eine vom Lehrer nachgemischte Farbtabelle aus E. Marx, Die Farbkontraste, Ravensburg, 1973, S. 164/167/168/171. Durch diese Vorgehensweise kann evtl. die praktische Malaufgabe fortfallen. Das gilt besonders dann, wenn die Klasse in der Orientierungsstufe die erste Annäherung an den Temperaturwert der Farbe durch praktische Malaufgaben bereits bewältigt hat, mit Themen wie „Eisberge", „Vulkanausbruch", „Lagerfeuer bei den Eskimos" o. ä.

In zwei anderen Fällen der Erprobung wurde auf Anraten des Fachlehrers der Einsatz des Polaritätenprofils als für die Klasse zu kompliziert fallengelassen.

Als Ersatz für das Polaritätenprofil wurde dann die Besprechung der praktischen Arbeiten ausgeweitet:

Den Farben wurden die Begriffe „kalt", „warm" zugeordnet, durch weitere Adjektive, wie z. B. „gemütlich", „ungemütlich" ergänzt und durch Fingeraufzeigen die prozentuale Zustimmung oder Ablehnung festgestellt. Dieses Ersatzverfahren ist natürlich viel einfacher, das Auswertungsproblem der einzelnen Polaritätenprofile entfällt. Leider entfällt dabei auch der Einblick in eine – hier vereinfachte – empirische Untersuchungsmethode.

Teil II: Raumwirkung von Farbe

5. Doppelstunde:
Raumwirkung von Farbe: Luftperspektive

Sachinformation

In dem Buch „Farbgestaltung" von W. Arnold (Hrsg.), Berlin 1976 (S. 102), werden die verschiedenen Wirkungen von Farben folgendermaßen gegliedert:

Wirkung	Beispiele
physikalisch	Helle Farben reflektieren viel, absorbieren wenig Licht. Dunkle Farben absorbieren viel Licht, setzen es in Wärme um, sie reflektieren wenig Licht.
visuell	Gelb erscheint leicht, Rot kommt uns scheinbar entgegen, Blau scheint von uns zu fliehen.
physiologisch Wirkung auf das Auge	Gegenfarben gleicher Helligkeit flimmern. Starke Kontraste erzeugen Nachbilder. Helligkeitswechsel verursacht Adaption bzw. Blendung.
Wirkung auf den Gesamtorganismus	Rot erregt, es beschleunigt den Puls. Blau wirkt dämpfend, beruhigend.
psychologisch (emotional) symbolisch	kultisch: Rot symbolisiert Liebe. technisch: Rot symbolisiert Halt!
synästhetisch	Blaugrün wirkt kühl, Rosa wirkt süßlich.
assoziativ	Grün assoziiert mit Wald, Rot mit Feuer.
stimulierend	Kombinationen von Gelbgrün und Orange wirken heiter. Blau mit Schwarz wirkt düster.
Fernwirkungen	sattes Gelb auf schwarzem Grund hat gute Fernwirkung, Rot und Grün gleicher Helligkeit haben schlechte Fernwirkung.
Farbwirkungen durch Oberflächeneigen-schaften	Grün gewinnt durch granulierte Oberflächen. Gelb gewinnt durch den Werkstoff Seide.

In der Tabelle wird aufgeführt, daß z. B. Rot scheinbar auf uns zukommt und Blau zurückzuweichen scheint (siehe auch Sachinformation zu 2./3. Doppelstunde).

Es muß hier erwähnt werden, daß zum Rot noch Orangerot, Rotorange, Orange zu ergänzen sind und daß die scheinbare zurückweichende Wirkung des Blau als *Hell*-Blau viel deutlicher ist.

In der Tabelle wird weiter unter der visuellen Wirkung aufgeführt, daß Gelb leicht erscheint. Hier wäre zu ergänzen, daß Schwarz und alle sehr dunklen Farben schwer wirken. Dabei ist wissenschaftlich nicht klar festzustellen, ob die „leichte" oder „schwere" Wirkung nun bei der visuellen Wirkung oder bei den Synästhesien einzuordnen ist. Dieses Problem kann und soll an dieser Stelle nicht geklärt werden. Als Faktum ist es da, und wird deshalb in der 5. und 6. Doppelstunde berücksichtigt.

In der Renaissance wird die Perspektive entdeckt. Neben diesem mathematischen Konstruktionsprinzip wird die „Luftperspektive" bewußt gesehen und in der Malerei eingesetzt. Es ist die beobachtete Farbabfolge von warmen Farben im Vordergrund über warmes Grün (Gelbgrün, Olivgrün) bis Grün im Mittelgrund, ein Übergang mit Blaugrün bis zu immer heller werdenden Blautönen im Hintergrund. Auf diese Weise entstehen drei Bildzonen mit zwei Übergangsbereichen; man könnte auch von fünf Bildzonen sprechen. Dieses Grundprinzip wird je nach Landschaftstyp, Jahreszeit oder Lichteinfall von den Künstlern variiert.

Durch diese Farbabfolge wird die zugrunde liegende Konstruktion von Groß nach Klein in ihrer Tiefenwirkung erheblich verstärkt. Man spricht deshalb von einer raumbildenden Kraft der Farbe.

Von der Spätrenaissance bis zum Impressionismus wird diese Erkenntnis in der Landschaftsmalerei benutzt.

Diese Erkenntnis wird auch bei der Gestaltung von Innenräumen eingesetzt. Mit farblichen Mitteln kann man Raumgrenzen scheinbar weiten oder näher heranholen, Räume wärmer oder kälter erscheinen lassen. Die Raumwirkung von Farbe in der Malerei und der Innenarchitektur ist in den folgenden drei Doppelstunden Unterrichtsgegenstand (5./6. und 7. Doppelstunde).

Methodische Vorüberlegungen

Die 5. Doppelstunde gliedert sich in drei Abschnitte:
- Das optische Phänomen der Raumwirkung soll erkannt werden.
- Danach sollen die Schüler selbständig das Prinzip an einer Landschaftsmalerei erkennen.

3. Zone Hintergrund:	Heller werdende Blautöne
Übergang:	Blaugrüntöne
2. Zone Mittelgrund:	Grüntöne
Übergang:	Warme Grüntöne, z. B. Olivgrün
1. Zone Vordergrund:	Warme Farben, z. B. Erdfarben

– In einer praktischen Aufgabe sollen die Schüler die gewonnene Erkenntnis selbst anwenden können, wobei sie neben der Abfolge von Dunkel nach Hell ebenfalls die Abfolge von warm nach kalt mit berücksichtigen sollen.

Der erste Abschnitt dient zur Gewinnung der grundlegenden Erkenntnis. Der Weg vom ersten zum zweiten Abschnitt ist ein nicht einfacher Transferschritt.
Der dritte Unterrichtsschritt berücksichtigt das Interesse der Schüler an der Bewältigung von Tiefenräumlichkeit (altersspezifisches Interesse an Schrägbilddarstellungen und Zentralperspektive).

Materialien

– Zwei Schautafeln für den Test zur Raumwirkung
– Reproduktion: W. von Kobell „Blick auf Tegernsee um 1838" oder J. A. Koch „Landschaft nach einem Gewitter" oder Velasquez „Infant Don Baltasar Carlos";
– evtl. C. D. Friedrich „Der einsame Baum", Klett-Schulgalerie (Nr. 94385)
– Borstenpinsel
– Zeichenblock DIN A3

Ziel der Stunde

Die Schüler sollen die raumbildende Wirkung der Farbe erkennen und anwenden können.

Teilziele der Stunde

Die Schüler sollen
– die unterschiedliche räumliche Wirkung von Orangerot und Hellblau erkennen,

– diese Erkenntnis auf die Landschaftsmalerei übertragen,
– und in einer praktischen Aufgabe differenziert anwenden können.

Unterrichtsverlauf

1. Unterrichtsschritt

Für den ersten Schritt werden zwei Schautafeln benötigt.

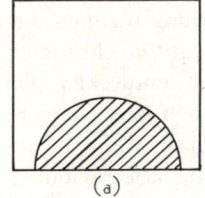 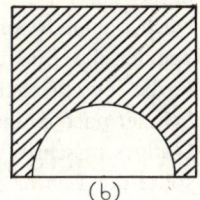

(a)   (b)

Das schraffierte Feld soll jeweils Orangerot sein, die unbehandelte Fläche jeweils Hellblau. Beide müssen in den Maßen übereinstimmen. Da diese Tafeln für die ganze Klasse gut sichtbar sein sollen, empfiehlt sich das DIN-A2-Format, notfalls DIN A3. Die Farben Orangerot und Hellblau sollten möglichst gleichmäßig aufgestrichen werden und von gleicher Helligkeit sein. Zunächst wird den Schülern die Tafel (a) gezeigt. Die Schüler sollen sich zunächst frei äußern: Farbe, Temperaturwert, Bezug zur vorausgegangenen Stunde ... Vielleicht werden jetzt schon ohne Hilfe des Lehrers Gegenstandsassoziationen genannt, wie z. B. „Sandberg vor Himmel", „Orangefarbener Ball (halber Ball) vor blauer Wand". Dann wird Tafel (b) gezeigt: sehr wahrscheinlich fahren die Schüler mit Gegenstandsassoziationen fort und nennen z. B. „Brücke vor Himmel" oder ähnliches.
Beide Reproduktionen werden nun nebeneinandergestellt und der Versuch unternommen zu klären, warum die unterschiedlichen Interpretationen von eigentlich nur zwei *ne-*

*ben*einanderliegenden Flächen *räumlich* interpretiert werden. Das Ergebnis des Gesprächs wird an der Tafel festgehalten: Orangerot, Rot, Orange scheinen auf uns zuzukommen, Hellblau scheint von uns zurückzuweichen (vgl. auch Tafelanschrieb, Stundenblatt).

2. Unterrichtsschritt

Die Schüler bleiben im Halbkreis sitzen. Der Lehrer stellt jetzt ein Landschaftsbild (mögliche Beispiele, siehe Spalte „Materialien") auf.
Nach ersten freien Äußerungen sollen die Schüler das Bild unter dem Gesichtspunkt Farbe beschreiben. Meist entdecken die Schüler nach einiger Zeit den Bezug zum 1. Unterrichtsschritt von selbst. Wenn nicht, sollte der Lehrer den Denkanstoß dadurch geben, daß er auf den Tafelanschrieb (des ersten Unterrichtsschrittes) verweist.
Die von den Schülern genannten Farbabfolgen sind ebenfalls an der Tafel festzuhalten. Der Lehrer gibt als Überschrift den Begriff „Luftperspektive" (vgl. Tafelanschrieb, Stundenblatt) vor.

3. Unterrichtsschritt

Die Schüler erhalten jetzt den Arbeitsauftrag, eine Landschaft zu malen, die die Abfolge von Warm nach Kalt und von Dunkel nach Hell berücksichtigt. Da die Luftperspektive im Vordergrund steht, sollte auf komplexe Landschaftsdarstellungen verzichtet werden. Eine Reduzierung auf ein einfaches Landschaftsprinzip ist angebracht, um eine Häufung von Schwierigkeiten zu vermeiden. Es ist schon schwierig genug, die Abfolge von Warm nach Kalt und die Abfolge von Dunkel nach Hell *gleichzeitig* zu berücksichtigen.

Möglichkeiten der Vereinfachung:
– Eine hügelige Landschaft, unbewaldet,

die Hügel erscheinen im Hintergrund viel kleiner als im Vordergrund.
– Eine flache Landschaft ganz aus parallelen Streifen aufgebaut. Von vorn nach hinten werden die Streifen immer schmaler. In Anlehnung an die Tabelle (s. Tafelbild) genügen als Minimum fünf Streifen.

Neben diesen Hinweisen zur Vereinfachung des Landschafts„gerüsts", sollte der Lehrer den Tip geben, nach der Vorzeichnung mit dem Hintergrund zu beginnen, da so die Überdeckung der hinteren durch die vorderen Hügel handwerklich einfacher zu erreichen ist.

4. Unterrichtsschritt

Während der praktischen Arbeit gibt der Lehrer individuelle Hilfen.

5. Unterrichtsschritt

Bei der anschließenden Besprechung der Arbeiten steht die größtmöglich erreichte Tiefenwirkung im Vordergrund. Zur Besprechung könnte außerdem die Reproduktion eines Kunstwerks herangezogen werden. Die Reproduktion könnte dann die *differenzierte* Anwendung verdeutlichen. Während z. B. die Schüler die Abfolge von Dunkel nach Hell (und von Warm nach Kalt) kontinuierlich in Streifen bewältigen sollten, zeigt das Kunstwerk den *grenzlosen* Übergang von einer Zone zur nächsten oder, wie z. B. oft bei C. D. Friedrich, eine mehrfache Abfolge: von Dunkel nach Hell, dann von Hell nach Dunkel, dann wieder von Dunkel nach Hell.

Alternative zu Unterrichtsschritt 4

Falls die Klasse nur minimale Erfahrungen im Mischen hat, ist die obige Aufgabe möglicherweise zu schwer. In diesem Fall kann die Aufgabe auch als Collage gelöst werden, wobei entsprechende Farbtöne aus Illustrierten herausgeschnitten und geklebt werden. Um die richtige Überdeckung der einzelnen Farbschichten zu erhalten, empfiehlt es sich, mit dem Hintergrund anzufangen.

Ergänzung

Falls ausreichend Zeit zur Verfügung steht, kann eine zweite Kunstbetrachtung angeschlossen werden, die mit einem anderen Aspekt der Tiefenwirkung durch Farbe bekannt macht:
so z. B. das Trüben der Farben mit Hellgrau im Hintergrund. Geeignet ist z. B. das Bild „Die Ährenleserinnen" von Millet (Klett-Schulgalerie Nr. 94445).
An diesem Bild kann erkannt werden, daß bei diffusem Licht, bei dunstigem Wetter die Farben von vorn zum Hintergrund immer trüber erscheinen. Alle Farben sind mit einem immer größeren Anteil von Hellgrau gemischt. Unterstützt wird die Farbwirkung noch dadurch, daß die Gegenstandsgrenzen zum Hintergrund immer *unschärfer* werden. Dieses Bild stellt auch eine Verknüpfung zur 1./2. Doppelstunde dar.

6./7. Doppelstunde:
Raumwirkung von Farbe:
Farbe in der Innenarchitektur

Sachinformation

Die Erkenntnis über die raumbildende Wirkung von Farbe ist nicht nur auf die Malerei beschränkt. In unserer Lebenswirklichkeit ist sie bei der farbigen Gestaltung von Innenräumen anzutreffen, um Räume in ihrer optischen Wirkung zu verändern. Mit entsprechendem Anstrich können Wände/Dek-

ken scheinbar näher herangeholt oder Räume optisch geweitet werden.

Eine einengende Wirkung kann erreicht werden durch:
– intensive Farben, besonders Rottöne
– sehr dunkle, „schwere" Farben (z. B. um eine sehr hohe Decke scheinbar „herunterzuholen")

Eine weitende Wirkung kann erreicht werden durch:
– kalte Farben, aber nur, wenn sie nicht „schwer" wirken, d. h. *aufgehellte* kalte Farben haben die stärkste raumweitende Wirkung.
– warme Farben, aber nur, wenn sie nicht zu „aktiv" sind, d. h. daß sie stark aufgehellt werden müssen, z. B. helle „Milchkaffeetöne", aufgehelltes Ocker, aufgehelltes warmes Gelb. Dadurch ist der gewünschte Temperaturwert „warm" noch partiell erhalten, aber die Farbe wurde sehr „leicht" gemacht.
Objektiv gesehen ist die weitende Wirkung mit kalten Farben größer als die mit warmen Farben.
Subjektiv wird öfter die stark aufgehellte warme Farbe bevorzugt (z. B. kleines Nordzimmer).

Obgleich fast jeder Schüler mit derartigen Problemen in seiner Gegenwart und Zukunft in Berührung kommt und die Möglichkeit hat, aktiv zu sein, wird dieser Inhalt in der Schule oft vernachlässigt. Wegen der Gegenwarts- und Zukunftsbedeutung wurde er in die Unterrichtseinheit genommen.
Der mögliche Vorwurf, daß durch einen solchen Unterricht die Schüler ja geschmacklich normiert würden, kann dadurch entkräftet werden, daß hier nur übergeordnete, überprüfbare Gesetzmäßigkeiten optischer Wirkung dargestellt werden und daß die individuelle Wahl, der „persönliche Geschmack", noch völlig frei ist, da man einmal

diese Gesetzmäßigkeiten außer acht lassen und zum anderen auch noch individuell wählen kann, welche kalte, warme, schwere, leichte Farbe der einzelnen bevorzugt.

Genau dieses Vermögen, zwischen übergeordneter Gesetzmäßigkeit und individueller Farbbevorzugung unterscheiden zu lernen, soll ein Teilergebnis des folgenden Unterrichts sein.

Methodische Vorüberlegungen

Die 6. und 7. Doppelstunde werden deshalb zusammengefaßt, da die praktische Arbeit und die Besprechung in einer Doppelstunde nicht zu bewältigen sind. Außerdem sollte ausreichend Zeit für die Schlußdiskussion (objektive Gesetzmäßigkeiten – individuelle Wahl) zur Verfügung stehen.

Da das Aufhellen, Dunkeln, die Kalt-Warm-Wirkung und die Raumwirkung bereits im vorausgegangenen Unterricht behandelt wurde, sollten die Schüler jetzt ohne vorbereitende Schritte in der Lage sein, „Problemräume" in Gruppenarbeit mit entsprechenden Mitteln optisch zu korrigieren. (Mit „Problemräumen" sind hier Räume gemeint, die für ihre Bewohner zu hoch, zu schmal, zu klein oder zu dunkel wirken.) Erst *nach* der schriftlichen Fixierung ihrer Lösungsmöglichkeiten erhalten sie eine Ablichtung aus einem brauchbaren Ratgeber zur farblichen Gestaltung von Innenräumen. Die nachgereichte Ablichtung kann für die Schüler einmal eine Selbstbestätigung sein, daß sie richtig gedacht haben, daß „Fachleute" Gleiches „empfehlen" und zum anderen als Hilfe dienen.

Das Ergebnis der Gruppenarbeit soll möglichst individuelle Lösungen (wegen der speziellen Farbbevorzugung) aufweisen. Die allgemeine Gesetzmäßigkeit wird an der Tafel fixiert.

Durch die praktische Aufgabenbewältigung werden Erkenntnisse aus der bisher durchgeführten theoretischen Arbeit gefestigt. Für die zusätzliche praktische Tätigkeit wird – obgleich das Problem ja schon gelöst ist – auch deshalb plädiert, da hier jeder Schüler *seine* individuelle Lösung finden kann und es einen wesentlichen Unterschied macht, ob man „Hellblau" sagt oder gerade *die* spezielle Nuance von Hellblau mischt!

Voraussetzung für die praktische Arbeit sind zentralperspektivisch gezeichnete Räume, die von den Schülern angefertigt werden, oder, falls die Voraussetzungen fehlen, vom Lehrer auf Matrize gezeichnet und abgezogen werden. Auf dem dünnen Abzugspapier arbeiten die Schüler dann mit gut deckender Farbe.

Bei der Besprechung der Arbeiten wird nochmals der Unterschied zwischen allgemeiner Gesetzmäßigkeit und individueller Lösung innerhalb dieser Gesetzmäßigkeit herausgearbeitet.

Ziel der Stunde

Die Schüler sollen die raumbildende Wirkung der Farbe in einem Anwendungsgebiet modellhaft einsetzen können.

Teilziele der Stunde

Die Schüler sollen
– das bisher Gelernte auf Probleme der Innenarchitektur theoretisch und praktisch anwenden können,
– dabei zwischen visueller Gesetzmäßigkeit und individueller Farbbevorzugung unterscheiden lernen.

Materialien

Arbeitsbögen für die Gruppenarbeit mit der Beschreibung des speziellen „Problem"-Raums.
- Ablichtung für jeden Schüler aus dem Farbratgeber (s. u.)
- Bleistift, Lineal, Radiergummi
- Deckfarbkasten, Deckweiß, Borsten- und Haarpinsel, Wasserglas

Unterrichtsverlauf

1. Unterrichtsschritt

Je nach Anzahl der vom Lehrer geplanten Raumprobleme werden Gruppen gebildet. Die Texte könnten etwa wie folgt lauten:

Arbeitsblatt 1

Familie A möchte ihren Flur verändern. Er ist lang, schmal und wirkt wie ein Schlauch. Überlege, wie er gestrichen werden müßte, damit er kürzer und weiter wirkt.

Die richtige Farbe hat schon manchen Raum wieder ins Lot gebracht

Die Eigenschaften der einzelnen Farben rufen nicht nur Stimmungen hervor, sie erzielen auch bestimmte innenarchitektonische Wirkungen. Sie können Raumproportionen verändern.

„Eine energische warme Farbe kommt vor, eine passive kalte Farbe geht zurück" (Pawlik: Theorie der Farbe).

Rotorange ist die wärmste, Grünblau die kälteste Farbe. Jede Farbe kühlt durch Weißaufhellung ab.

In großen Räumen bewirken warme Farbtöne eine wohltuende Veränderung: Die Einrichtung gewinnt an Intimität. In kleinen Zimmern dagegen beengen warme Farben. Hier sind, wenn schon warme Töne gewünscht werden, Gelb und Beige eher angebracht als Braun oder Rotbraun.

Wer hohe Altbauzimmer mit ihren schwierigen Proportionen nicht akzeptieren mag, der kann, statt eine kostspielige Zwischendecke einzuziehen, die bestehende hohe Decke auch einfach durch einen Anstrich abdunkeln und damit „herunterholen".

Warme Farben lassen einen Raum kleiner wirken, weil Orange, Braun oder Rot uns entgegenzukommen scheinen. Große Muster und dunklere Töne verstärken diesen Eindruck noch besonders.

Kühle Farben weiten einen Raum optisch. Denn blaue, blaugrüne und blauviolette Töne, besonders in helleren Abstufungen, rücken die Gegenstände und auch die Wände von uns ab. Kleine Muster verstärken diese Wirkung.

Unvorteilhaft hohe Räume, zum Beispiel in Altbauten, können niedriger und besser proportioniert wirken, wenn man für Decke und Fußboden dunkle (aber nicht kühle) Farben wählt. Es empfiehlt sich, einen Streifen Wand oben ebenfalls im Deckenton zu streichen. Wände und Türen bekommen eine hellere Farbe, Ton-in-Ton abgestuft. Eine kräftige Ausleuchtung vermeidet, daß der Raum düster und unfreundlich wirkt.

Lange, schlauchartige Räume kann man auf ein angenehmes Maß verkürzen. Wenn man die Tür (oder überhaupt die Stirnseite) am Ende des langen Flurs in einer warmen Farbe streicht, scheint sie um Meter nach vorn zu rücken. Welche Farbe man wählt, ist Temperamentssache. Rote und orangefarbene Töne wirken immer stärker. Ein Raum läßt sich durch einen quer gestreiften Fußbodenbelag zusätzlich optisch verkürzen.

[aus: Schöner Wohnen, Heft 6/1977, S. 42 (gekürzt), © Gruner + Jahr, Hamburg]

Schreibe auf, wie Du Decke, Wände und Stirnseite streichen würdest, um den Flur optisch zu verändern. Nenne die genaue Farbnuance und begründe Deine Farbwahl.

Arbeitsblatt 2
Schüler B hat ein schönes mittelgroßes Zimmer, aber die Decke wirkt viel zu hoch (3,75 m). Schreibe auf, wie Du die Decke streichen würdest, damit sie nicht mehr so hoch erscheint.

Arbeitsblatt 3
Familie C hat eine Wand herausreißen lassen. Jetzt haben sie einen schönen großen Raum. Leider wirkt die Decke nun im Verhältnis zur Größe des Raumes viel zu niedrig. Mache einen Farbvorschlag, wie die Decke gestrichen werden müßte, damit ein günstigerer Eindruck entsteht.

Arbeitsblatt 4
Student D hat einen sehr kleinen und dunkel wirkenden Raum. Wie kann er sein Zimmer streichen, damit es weiter und heller wirkt?

Arbeitsblatt 5
In der Wohngemeinschaft hat Peter einen sehr großen, weiß gestrichenen Raum. Er erscheint ihm als zu ausgedehnt. Mache Vorschläge, wie er seinen Raum streichen sollte, damit er nicht so riesig wirkt.

Arbeitsblatt 6
Endlich hat Schüler F seine eigene Bude bekommen. Das Zimmer ist allerdings sehr klein und kühl, da das Fenster nach Norden zeigt. Wie kann er es streichen, damit es größer und wärmer wirkt?

Jeder Schüler der Gruppe erhält einen Arbeitsbogen. Zuerst sollen sich die Schüler in der Gruppe besprechen, dann evtl. individuelle Lösungen aufschreiben. Die Hilfe des Lehrers beim informativen Rundgang sollte sich im wesentlichen darauf beschränken, daß er auf die vorausgegangenen Stunden hinweist. Wenn die Schüler ihre schriftliche Arbeit beendet haben, verteilt der Lehrer an alle die Ablichtungen des „Farbratgebers" mit den Hinweisen

a) zu überprüfen, ob sie ähnliche, gleiche Ideen hatten, wie sie im Ratgeber stehen
b) das Papier als Hilfe zu benutzen.

2. Unterrichtsschritt

Die einzelnen Gruppen stellen ihre Lösungen der Klasse vor, wobei individuelle Lösungen auch berücksichtigt werden sollen. Da die Ablichtung aus dem Ratgeber schon eine Zusammenfassung der verschiedenen Probleme darstellt, soll im Anschluß an die Gruppenberichte an der Tafel eine Zusammenfassung unter folgenden Überschriften versucht werden:
1. Die einengende Wirkung wird erreicht durch: ...
2. Die weitende Wirkung wird erreicht durch: ...
(vgl. Tafelanschrieb Stundenblatt)

3. Unterrichtsschritt

Ist diese Zusammenfassung geleistet, sollen die Schüler nochmals in der Ablichtung den letzten Absatz lesen. Der Lehrer lenkt auf den für die weitere Diskussion wichtigen Satz „Welche Farbe man wählt, ist Temperamentsache". Dieser Satz steht im scheinbaren Gegensatz zur Zusammenfassung an der Tafel. An dieser Stelle soll – durch Lenkung oder Provokation – den Schülern in der Diskussion deutlich werden, daß zwischen den allgemeinen Gesetzmäßigkeiten und der individuellen Farbbevorzugung innerhalb der übergeordneten Gesetzmäßigkeit unterschieden werden muß.

4. Unterrichtsschritt

Falls die Schüler Kenntnisse über die Zentralperspektive haben, fertigt jeder eine Zeichnung seines in der Gruppenarbeit behandelten Raumes an. Falls die Voraussetzungen fehlen und genügend Gesamtzeit zur Verfügung steht, kann der Lehrer die Gelegenheit nutzen und in einem Exkurs die Grundlagen dafür legen, oder er verteilt von ihm angefertigte und abgelichtete Zeichnungen.

Bezogen auf die Erkenntnis des letzten Unterrichtsschrittes soll möglichst jeder Schüler eine individuelle Farbwahl zur Lösung des Problems benutzen. Falls die Schüler auf Umdruckpapier malen, sollte der Lehrer darauf hinweisen, möglichst wenig Wasser beim Anrühren der Farben zu nehmen.

5. Unterrichtsschritt

Bei der Besprechung der praktischen Arbeit, bei der einige Schüler ihre Bilder selbst vorstellen sollten, kann – falls nötig – nochmals der Unterschied zwischen übergeordneter Gesetzmäßigkeit und der individuellen Farbbevorzugung herausgearbeitet werden. Das wiederum sollte abgegrenzt werden gegen die individuellen Lösungen *innerhalb* der Gesetzmäßigkeiten (s. Tafelanschrieb).

III. Teil:
Synästhesien und Assoziationen

In diesem III. Teil sollen sich die Schüler mit den Phänomenen Synästhesie und Assoziation befassen. Die vorangegangenen Teilabschnitte schaffen dafür einerseits die Grundlagen, andererseits klingt in ihnen die Thematik des III. Teils schon auf: die unterschiedliche Wirkung der Landschaften und des „Kalt-Warm" im ersten Teil, ebenso wie die „schwere" bzw. „leichte" Wirkung der Farbe im zweiten Teil sind assoziative und synästhetische Verknüpfungen.

Sachinformation

Die Komplexität des Wahrnehmungsvorgangs macht eine Trennung in synästhetische und assoziative Teile fast unmöglich, denn „bei einer Farbwahrnehmung können sich symbolische, synästhetische, assoziative und andere Wirkungen überlagern und entsprechende emotionale Stimmungen hervorrufen ..." (W. Arnold, Farbgestaltung, Berlin 1976, S. 103).

Aber auch definitorisch sind Widersprüche auszumachen: W. Arnold definiert und beschreibt: „Synästhesie heißt Mitempfindung oder Miterregung eines anderen Sinnesorgans bzw. die Auflösung eines anderen Sinneseindrucks und die Koppelung von Empfindungen unterschiedlicher Sinnesorgane. Wir empfinden die roten Farben meist als warme, die blauen als kühl. In jedem Fall wird mit der Wahrnehmung eines Farbtons gleichzeitig unser Wärmegefühl angesprochen. Die Miterregung beruht auf physiologischen Funktionen und ist eine angeborene, nicht erworbene Fähigkeit.

Indem wir die Farbe sehen, wird nicht nur der Teil des Nervensystems erregt, der das Farbsehen bewirkt, sondern es werden auch Teile erregt, die Nebenwirkungen – wie kalt, süßlich, schwer usw. – erzeugen. Solche Wirkungen sind gesetzmäßige Erscheinungen." (W. Arnold, ebd., S. 103)

Dagegen steht die Aussage von K. Pawlik in seinem Vortrag am 9. 9. 81, RIAS I:
„Umstritten ist bis heute die Frage farblicher Synästhesien. Darunter versteht man das Auftreten empfindungsähnlicher Farbeindrücke nach Darbietung nicht-visueller Reize, beispielsweise von Tönen. Experimentell-psychologisch ist das Auftreten von

Farbeindrücken, die Empfindungsstärke annehmen, als Folge der Darbietung akustischer Reize nicht gesichert. Allerdings wird die enge Koppelung, mit der akustische und optische Signale in unserer Alltagserfahrung vorkommen, in der Kunst eingesetzt und in Erlebnisbeschreibungen (man denke an Ausdrücke wie: „grelle" Farben, „laute" Farbtöne, „blasse" Stimmlage usw.) sprachlich formuliert und läßt somit eine sekundäre, aus Lernerfahrungen bedingte Verknüpfung zwischen optischen und akustischen Wahrnehmungsinhalten erkennen."

Während Arnold von einer angeborenen Fähigkeit spricht, betont Pawlik die „... aus Lernerfahrung bedingte Verknüpfung". Dieses Problem soll und kann hier nicht geklärt werden. Für uns gravierender ist der Gegensatz, daß Arnold solche synästhetischen Wirkungen *gesetzmäßig* nennt, während Pawlik z. B. Verknüpfung von Tönen mit Farbeindrücken experimentell als *nicht* gesichert kennzeichnet. Bezogen auf den Unterricht sollen gerade diese gegensätzlichen Auffassungen verbunden mit eigenen Versuchen zur Musik-Farbe-Verknüpfung (Synästhesie) der Inhalt der 8./9. Doppelstunde sein.

Die eigenen Versuche zur Umsetzung akustischer in optische Signale scheint sinnvoll, da in der Alltagserfahrung, in der Umgangssprache derartige Verknüpfungen auszumachen sind, auf die auch Pawlik in der zweiten Hälfte des Zitats hinweist. Bei H. Frieling (1968, S. 197–211) sind weitere Beispiele für Synästhesien nachzulesen. Die dort dargestellten Synästhesien von Farbe-Geschmack, Farbe-Gemütszustand sind Unterrichtsgegenstand in der 10. Doppelstunde.

Assoziationen definiert und beschreibt W. Arnold folgendermaßen:
„Unter Assoziationen versteht man allgemein Verknüpfungen oder Koppelungen. Im visuellen Bereich bedeuten Assoziationen bewußte oder unbewußte Verbindungen zwischen der Farbwahrnehmung und gewissen Vorstellungen oder Erlebnissen. Die emotionale Wirkung eines Erlebnisses – angenehm oder unangenehm – geht bei der Verknüpfung mit der Farbwahrnehmung in das Farberlebnis ein und variiert die Gesamtwirkung. In einem Kind, das eine schmerzhafte Arztbehandlung erlebte, kann der Anblick eines weißen Kittels ein Gefühl des Unbehagens, der Angst auslösen.
Da die vielfältig möglichen Verknüpfungen von individuellen Erlebnissen abhängen, also subjektiv bedingt sind, kann man allgemeine Regeln für Assoziationen nicht aufstellen." (W. Arnold, ebd., S. 103)

In der Beschreibung betont Arnold die individuellen Erlebnisse als Grundlage der Verknüpfung. Um ein weiteres Beispiel zu nennen: Kind A wird immer mit orangefarbenen Bonbons belohnt, Kind B wird immer dadurch bestraft, daß man es in die orangefarbene Besenkammer einsperrt. Beide Kinder werden möglicherweise durch die unterschiedliche assoziative Verknüpfung verschiedene emotionale Einschätzungen des Farbtons Orange entwickeln. Dieses konstruierte Beispiel soll verdeutlichen, weshalb Arnold daraus den Schluß zieht, daß allgemeine Regeln für Assoziationen nicht aufzustellen sind.

Dagegen steht jedoch die Erkenntnis, daß in der Werbung sehr viel mit Assoziationen gearbeitet wird. Haben die Werbetreibenden „keine Ahnung"?

Nun, Arnold hat in seiner Beschreibung einen wesentlichen Aspekt außer acht gelassen – den er allerdings in der Tabelle (s. o.) berücksichtigt –:
Es gibt viele über-individuelle Gemeinsamkeiten was Assoziationen betrifft. Sie sind wohl auf Lernerfahrungen zurückzuführen und bedingt durch Umweltbeobachtung innerhalb einer Kulturgemeinschaft. Viele Versuchspersonen nennen z. B. Farben zur Beschreibung von „Gemütlichkeit", „natürliche Frische", „technische Perfektion",

„zart-zerbrechlich", u. a., die weit über den Zufall hinausgehend Übereinstimmung aufweisen. Darüber liegen den großen Werbeinstituten Untersuchungsergebnisse vor. Diese über-individuellen Übereinstimmungen können aus entsprechenden Werbebeispielen abgelesen werden. Die Analyse der farblichen Mittel in der Werbung ist deshalb die Aufgabe in der 11. Doppelstunde, die Anwendung der Erkenntnisse Inhalt der 13. Doppelstunde.

8./9. Doppelstunde:
Synästhesie: Farbklang – Klangfarbe (Farbe und Gehör)

Methodische Vorbemerkungen

Die 8. und 9. Doppelstunde wurden zusammengefaßt, da sie eine geschlossene Einheit bilden.
Die praktische Arbeit am Anfang, die Zusammenfassung der Besprechung der Arbeiten in Tabellenform und die theoretische Auseinandersetzung mit voneinander abweichenden Definitionen über Assoziationen und Synästhesien umfassen bei gründlicher Behandlung 2 Doppelstunden.
In der 8. Doppelstunde sollen die Schüler die „Klangfarbe" von drei sehr unterschiedlichen Rock-Pop-Musikstücken in den „Farbklang" eines gegenstandsfreien Plattencover-Entwurfs umsetzen. Über die motivierende Wirkung derartiger Musik muß nicht gesprochen werden, wohl aber warum der Entwurf möglichst gegenstandsfrei sein soll. Bei der ersten Erprobung waren viele Schüler so sehr mit traditionellen Inhalten von Plattencovern beschäftigt (z. B. „Musiker spielt auf Flügel auf einem Berg vor untergehender Sonne"), daß wegen komplizierter gegenständlicher Realisierung die wesentli-

che Aufgabe, die „Klangfarbe" in einen „Farbklang" zu übersetzen, vergessen wurde. Diese Einsicht kam ihnen dann selbst bei der Besprechung der Entwürfe. „Möglichst gegenstandsfrei" meint hier, daß Gegenständliches nicht grundsätzlich ausgeschlossen werden soll, sondern daß Schüler, die eine gegenständliche Lösung anstreben, diese mit dem Lehrer besprechen sollen, um sich nicht zu „vergaloppieren".

Bei den ausgewählten Musikstücken handelt es sich um
1. Cat Stevens, „Sad Lisa"
2. Black Sabbath, „Children of the grave"
3. Frank Zappa, „Sheik Yerbouti"

Alle drei Titel sind in ihrer Stimmung, ihrer Klangfarbe recht eindeutig. Außerdem bilden sie untereinander einen großen Gegensatz.
Da die Schüler die Aufgabe ohne Hilfe bewältigen sollen, sind deshalb diese Titel gewählt worden, da so gewährleistet ist, daß trotz einiger abweichender Lösungen eindeutige Gemeinsamkeiten entstehen.
Nach dem Hören der Musikbeispiele sollen die Schüler die Musik beschreiben, die Stimmung verbal ausdrücken. *Ohne* weitere Hilfe, ohne weitere vorbereitende Schritte sollen die Schüler dann die nach ihrer Meinung die Stimmung ausdrückende Farbe bzw. auch die adäquaten Formen wählen. Dadurch ist gewährleistet, daß relativ unbeeinflußte Synästhesien aufkommen und dadurch ein vielfältigeres Spektrum von Lösungen – mit doch etlichen Übereinstimmungen – erreicht wird.
Bei der Besprechung der Arbeiten bekommen die Schüler zusätzlich die in der Sachinformation vorgestellten Texte. Der Gegensatz zwischen den Auffassungen von Pawlik und Arnold und die bei den Plattencover-Entwürfen festgestellten gemeinsamen Schnittmengen sind ein idealer Anlaß zur Diskussion, der das Gebiet der Synästhesien

problematisieren soll. Eine leichte Bestätigung der Auffassung von Arnold ist die Entdeckung von Übereinstimmungen bei den eigenen Entwürfen. Ist dieser Lernschritt erreicht, gibt der Lehrer den Schülern ein Zitat von H. Frieling (1967, S. 31) und verstärkt damit die These, daß es Abweichungen als auch übereinstimmende Beziehungen zwischen Tönen und Farben gibt, vorausgesetzt, daß die Klangfarbe, die Stimmung der Musik sehr eindeutig ist. Diese Thesenformulierungen dienen zur Problematisierung der weiteren Doppelstunden!

Das Hören der Musik, das Umsetzen der Stimmung in Sprache, die praktische Realisierung nehmen voraussichtlich (auch bei der Erprobung) eine Doppelstunde ein. Deshalb wird die Besprechung und die Arbeit mit den Zitaten im ersten Teil der nächsten Doppelstunde durchgeführt.

Der zweite Teil der 9. Doppelstunde dient einem Assoziationstest, bei dem Schüler aufgrund einer Vorlage ihre Assoziationen in Form einer Geschichte aufschreiben sollen. Da dieser Unterrichtsschritt die 9. Doppelstunde beendet, hat der Lehrer Gelegenheit diese Arbeiten zuhause auszuwerten.

Materialien

- Deckfarbkasten oder Abtönfarben
- Deckweiß
- Borstenpinsel
- Wassergläser
- Zeichenblock DIN A3 oder besser: quadratisch zugeschnittenes Malpapier in Plattencover-Größe
- Ablichtungen mit Zitaten von Arnold, Pawlik und Frieling
- Schallplatten oder Cassette
- Abspielgerät
- zwei Schautafeln oder Diapositiv und Projektor zum Assoziationstest

Ziel der Stunde

Die Schüler sollen den Bereich der Synästhesien kennen und problematisieren lernen.

Teilziele der Stunde

Die Schüler sollen
- die speziellen Stimmungsgehalte von drei unterschiedlichen Musikstücken in Sprache (Adjektive) umsetzen können,
- die Klangfarbe eines Musikstückes in einen Farbklang umsetzen können,
- bei der Besprechung Übereinstimmungen und Unterschiede feststellen können,
- den Gegensatz verschiedener Positionen feststellen und benennen und entsprechende Thesen formulieren können,
- die zwei Thesen mit der eigenen praktischen Arbeit in Verbindung bringen können,
- erkennen und lernen, daß die Koppelung von Farbe und Musik eine Synästhesie darstellt.

Unterrichtsverlauf

1. Unterrichtsschritt

Vor Unterrichtsbeginn zeichnet der Lehrer ein Tabellenraster an die Tafel. Die Musikstücke werden einmal vorgespielt, dann die Titel in das Tabellenraster eingetragen. Nach nochmaligem Abspielen und freien Äußerungen sollen die Schüler die Stimmung des jeweiligen Stückes verbalisieren, den Höreindruck in Adjektive übersetzen. Die Äußerungen werden in das Raster eingetragen (s. Tafelanschrieb/Stundenblatt), und der Lehrer schreibt jetzt „Klangfarbe" über diesen Tabellenteil.

2. Unterrichtsschritt

Der Lehrer stellt den Schülern jetzt die Aufgabe, sich ein Musikstück zu wählen, und ein passendes Plattencover dazu zu malen, so daß die gewählten Farbtöne (Farbklang) etwas über die Stimmung (die Klangfarbe) aussagen. Der Lehrer ergänzt jetzt die weiteren Überschriften der Tabelle, indem er „Farbklang" und „Formen" anschreibt, in die noch freien Felder Fragezeichen setzt, und auf die möglichst gegenstandsfreie Lösung hinweist.

Während der praktischen Arbeit, besonders zu Beginn, sollten die Musikstücke noch mehrfach gespielt werden. Der Lehrer gibt den Schülern kleine Hilfen, die hauptsächlich den Schülern zugedacht sind, die unbedingt an einer gegenständlichen Fassung festhalten.

3. Unterrichtsschritt

Zur Besprechung sollten die Arbeiten der drei Gruppen möglichst durcheinanderliegen, da die erste Aufgabe darin besteht, die Entwürfe der anderen Schüler (nicht die eigenen, nicht die des Nachbarn) nach dem optischen Eindruck dem entsprechenden Musikstück zuzuordnen. Hieraus ergibt sich schon die erste Diskussion, da sich einige Schüler falsch zugeordnet fühlen. Die nächste Aufgabe besteht darin, die Arbeiten herauszusuchen, von denen die Klasse annimmt, daß sie die Musik am genauesten treffen. Weitere ähnliche Arbeiten werden ihnen zugeordnet.

In dem folgenden Unterrichtsgespräch sollen die *farblichen Mittel* und *Formen* herausgearbeitet werden, mit denen die Musik am treffendsten in das „Bild" übersetzt wurde. Dadurch werden die eindeutigen Gemeinsamkeiten festgestellt. Jetzt können auch die anderen Felder der Tabelle ausgefüllt werden (s. Tafelanschrieb/Stundenblatt). Der Lehrer schreibt jetzt den Begriff „Synästhe-

sie" unter das Raster und erklärt ihn kurz wie folgt: Synästhesie heißt die Mitempfindung oder Miterregung eines anderen Sinnesorgans, hier die Koppelung von Hören und Sehen, also Klangfarbe und Farbklang.

4. Unterrichtsschritt

Dieser Unterrichtsschritt und die folgenden (5, 6 und 7) – das Arbeiten mit Zitaten verschiedener Verfasser – sind problemorientiert ausgerichtet und führen zu den weiteren Stunden hin. Diese Unterrichtsschritte haben also strukturierende Funktion. Deswegen sollte hier ganz langsam und sorgfältig vorgegangen werden. Nicht nur an die Schüler, auch an den Lehrer und seine geschickte Gesprächsführung werden hier hohe Anforderungen gestellt.

Als erstes erhält jeder Schüler einen Abzug mit dem ersten Teil des Pawlik-Zitats und mit der Definition und Beschreibung von W. Arnold:

„Umstritten ist bis heute die Frage farblicher Synästhesien. Darunter versteht man das Auftreten empfindungsähnlicher Farbeindrücke nach Darbietung nicht-visueller Reize, beispielsweise von Tönen. Experimentell-psychologisch ist das Auftreten von Farbeindrücken, die Empfindungsstärke annehmen, als Folge der Darbietung akustischer Reize nicht gesichert." (K. Pawlik am 9. 9. 81, RIAS I)

„Synästhesie heißt Mitempfindung oder Miterregung eines anderen Sinnesorgans bzw. die Auslösung eines anderen Sinneseindrucks und die Koppelung von Empfindungen unterschiedlicher Sinnesorgane.
Wir empfinden die roten Farben meist als warm, die blauen als kühl. In jedem Fall wird mit der Wahrnehmung eines Farbtons gleichzeitig unser Wärmegefühl angesprochen. Die Miterregung beruht auf physiolo-

gischen Funktionen und ist eine angeborene, nicht eine erworbene Fähigkeit.

Indem wir die Farbe sehen, wird nicht nur der Teil des Nervensystems erregt, der das Farbsehen bewirkt, sondern es werden auch Teile erregt, die Nebenwirkungen – wie kalt, süßlich, schwer usw. – erzeugen. Solche Wirkungen sind gesetzmäßige Erscheinungen."

(W. Arnold, ebd. S. 103)

Nach dem stillen Lesen geht es zunächst einmal um die Sinnentnahme der Texte im Gespräch.

Methodische Anmerkung: Je nach Klassensituation wird der Lehrer hier mehr oder minder starke „Übersetzungshilfe" leisten müssen.

Nach der Sinnentnahme im Gespräch, sollte eine Kurzfassung in Thesenform an der Tafel festgehalten werden, z. B. wie folgt:

These 1:
Farbliche Synästhesien sind umstritten. Experimentell ist das Auftreten von Synästhesien nicht gesichert. (Pawlik)

These 2:
Synästhesien sind angeborene, gesetzmäßige Erscheinungen. (Arnold)

5. Unterrichtsschritt

Falls es nicht schon bei der Sinnentnahme zu einer Diskussion über die extrem unterschiedlichen Auffassungen gekommen ist, wird durch die Vereinfachung in Thesenform der Unterschied besonders deutlich. Durch diesen Gegensatz soll eine kontroverse Diskussion entstehen, bei der hoffentlich einige Schüler, die vom Ergebnis in der Tabelle abweichende Platten-Cover-Entwürfe gefertigt hatten, sich durch das Pawlik-Zitat bestätigt fühlen, und so behaupten, daß „alles ganz individuell, einfach Geschmackssache" sei. Vielleicht muß aber der Lehrer hier die provozierende Rolle übernehmen.

6. Unterrichtsschritt

Falls nicht schon im 5. Unterrichtsschritt bei der Diskussion geschehen, sollte jetzt zur Argumentation das Ergebnis der Platten-Cover-Entwürfe mit herangezogen werden. Das Ergebnis der Entwürfe (s. Tabelle) sollte jetzt ebenfalls in Thesenform formuliert werden, etwa wie folgend:

These 3:
Bei unserem Musik-Farbe-Versuch konnten wir mehr Gemeinsamkeiten als Abweichungen feststellen. (Oder: ... sowohl Gemeinsamkeiten als auch Abweichungen ...)

Nach der Formulierung dieser dritten These, sollen die Schüler sie mit den beiden anderen in Beziehung setzen, z. B. folgendermaßen:

„Wenn These 2 stimmen würde, dann hätte es bei den Platten-Cover-Entwürfen keine Abweichungen geben dürfen."

„Wenn These 1 stimmen würde, dann hätte es bei den Platten-Cover-Entwürfen kaum Übereinstimmungen geben dürfen."

„Unser Ergebnis steht genau in der Mitte zwischen den anderen beiden Thesen." Dieses Ergebnis des Gesprächs sollte optisch an der Tafel festgehalten werden (siehe Stundenblatt).

7. Unterrichtsschritt:

Der Lehrer verteilt jetzt an jeden Schüler ein Zitat aus H. Frieling: Farbe hilft verkaufen (1957, S. 31):

„Weniger eindeutig sind, wie gesagt, die Beziehungen der Farb- zu den Gehörempfindungen. Hier liegen starke persönliche Schwankungen vor und man kann eigentlich nur von laut und leise, gedämpft und schrill, dumpf, Moll und Dur, strahlend im Klang, dünn im Klang usw. reden."

Nach dem Lesen des Textes und der Klärung der Textaussage im Gespräch soll wieder eine Kurzfassung in Thesenform erfolgen, z. B. wie folgt:

These 4:
Bei Farbe-Gehör-Koppelungen gibt es Abweichungen (persönliche Schwankungen), aber es gibt auch Gemeinsamkeiten.

Die Schüler sollen jetzt diese These mit ihren Erfahrungen bei den Platten-Cover-Entwürfen in Verbindung bringen. Sie sollen dabei feststellen, daß dieses Zitat die bei den eigenen Entwürfen entstandenen Gemeinsamkeiten erklärt (gedämpft, Moll ' ≙ Cat Stevens; dumpf ≙ Black Sabbath; schrill ≙ Frank Zappa) aber auch auf Abweichungen hinweist.
Sie sollten auch feststellen, daß ihre eigene Erfahrung (These 3) durch die These 4 eine Bestätigung erfahren hat. Dieses Ergebnis soll auch optisch dargestellt werden (siehe Stundenblatt).

Methodische Anmerkung:
Die Hinarbeitung auf drei unterschiedliche Thesen sollte den Bereich der Synästhesien problematisieren. Da noch nicht geklärt ist, welche These denn nun gültig ist, hat diese Vorgehensweise auch motivierende Funktion für die nächsten Doppelstunden: in ihnen werden weitere Tests und Analysen durchgeführt, die – das sei schon gesagt – die mittlere These bestätigen werden.
Die Schüler lernen auf diese Weise auch eine (vereinfachte) Form wissenschaftlichen Denkens; die folgenden Tests und Analysen dienen der Verifizierung einer These.
Dabei geht es nicht nur um die Verifizierung einer These (1. Schritt) sondern auch darum, welche Bedeutung diese These für die Anwendung von Synästhesien und Assoziationen (2. Schritt) hat. Ein wichtiges Anwendungsgebiet ist die Werbung, die deshalb in der 11./12. Doppelstunde Unterrichtsgegenstand ist.

Nach der anstrengenden theoretischen Arbeit an den Texten, die mit der optischen Darstellung der 3 bzw. 4 Thesen endete, sollte der Lehrer
- darauf hinweisen, daß noch nicht klar sei, „wer nun recht habe",
- daß in der 10. und 11. Doppelstunde interessante Tests und Analysen durchgeführt werden, die dann zeigen würden, welche These die zutreffende sei.

8. Unterrichtsschritt

In diesem Unterrichtsschritt wird ein Assoziationstest durchgeführt. Er ist einer von den Tests, der eine der Thesen verifiziert. Da in der 10. Doppelstunde verschiedene andere Tests durchgeführt werden, gehört dieser Assoziationstest eigentlich auch in die 10. Doppelstunde. Da seine Auswertung jedoch nicht schnell im Unterricht durchgeführt werden kann, muß der Lehrer diese zuhause vornehmen. Die Bekanntgabe der Auswertung ist dann der erste Unterrichtsschritt in der 10. Doppelstunde.
Für den Test müssen noch circa 30 Minuten zur Verfügung stehen. Der Lehrer benötigt dazu zwei Schautafeln. Die eine ist mit Orangerot, die andere mit einem Blaugrün gestrichen. Auf jeder Tafel ist ein nebeneinanderstehendes Paar schwarz aufgemalt, so daß nicht genau auszumachen ist, ob man es von vorn oder von hinten sieht. Nach der Präsentation der Schautafeln bekommen die Schüler die Aufgabe, zu jedem Bild eine kurze Geschichte zu schreiben (evtl. stichwortartig). Bei der Auswertung der Geschichten kann der Lehrer feststellen, ob aufgrund der unterschiedlichen farbigen Hintergründe die Schüler die Situation des Paares unterschiedlich *beurteilt* haben (z. B.: Sonnenuntergang – tristes Wetter, verliebt – zerstritten).

Der folgende Text aus Frieling, H.: Das Gesetz der Farbe führt die Szenen-Kommen-

Szenen-Kommentare

Szene auf Orangerot Kommentar-Inhalt:	*auf Blaugrün* Kommentar-Inhalt:
Gefahr, Bedrohung	keine Gefahr
Auf uns Zukommendes	In der Ferne Liegendes
Ereignis im Vordergrund	Ereignis bildet Rahmen
Ereignis spielt sich ab	Ereignis wird erwartet
Warm	kalt, feucht
Schilderung eines zweck- gerichteten Unternehmens	Schilderung eines entspannenden Vorhabens
Laut, reklamehaft	zurückhaltend, ästhetisch
Bestimmtes Ziel	offenbleibende Frage
persönlich	über- oder unpersönlich
später Abend	früher Morgen
Freude	Frage
Einladung	Abschied
Kontakt	Abstand
Liebespaar, „d'abord"	Ehepaar, „d'après"
Anbahnen (Zukunft)	Vergangenheit (Rückblick)
Wachen	Träumen
Er im Vordergrund	Sie im Vordergrund
Betrachtung eines Geschehens (z. B. „es brennt")	Betrachtung einer Landschaft
Spannung	Lösung
Über die Grenzen hinaus	Bleibt in Grenzen

Durch die Verbindung eines Impulses zum Schildern wird also das eigentliche Farberlebnis mitgeschildert, ohne daß es dabei zu verkrampften und überlegten Aussagen über die Farbe selbst kommt. Es handelt sich hier um ein Verfahren, das die M o t i v e besser aufdeckt, als wenn man direkte Befragungen durchführt. Die Aufmerksamkeit der Versuchsperson ist auf die Darstellung des Paares gerichtet, und es wird versucht, das, was das Paar denkt, fühlt und tut, zu erzählen. Damit lassen sich die (indirekt über die Farbe gemachten!) Äußerungen leicht auf Denken, Fühlen und Wollen übertragen. Hier sichtbar gemachte Widersprüche, wie z. B. beim Blaugrün „Lösung" und „Bleibt in Grenzen" müssen auf den Bezugsort untersucht und in der Relation zum Gegensatz betrachtet werden.

[aus: H. Frieling, Das Gesetz der Farbe, Göttingen 1968 (Musterschmidt-Verlag), S. 211]

tare von Versuchspersonen stichwortartig auf. Im Text wird dann deutlich, daß auf diese Weise Assoziationen (oft gekoppelt mit Synästhesien) viel besser aufgedeckt werden können, da es sich um eine *indirekte* Befragung handelt.

Der Lehrer sollte die Auswertung des Tests unter drei Aspekten vornehmen:
1. Er sollte eine prozentuale Auswertung vornehmen, um festzustellen, wieviel Prozent der Schüler aufgrund der Farbe die Situation des Paares unterschiedlich

beurteilt haben, wieviel Prozent unbeein-
flußt bleiben.
2. Er sollte exemplarische Geschichten zum
Vorlesen in der 10. Doppelstunde (als
Einstieg) herausfinden.
3. Es sollte in der 10. Doppelstunde eine
ähnliche, aber einfachere Tabelle wie die
von H. Frieling als Zusammenfassung er-
stellt werden können.

10. Doppelstunde:
Synästhesien und Assoziationen:
Farbe – Geschmack
Farbe – Gemütszustand

Sachinformation

Nach dem Einstieg in das Gebiet der Synästhesien und nach der Problematisierungs-
phase in der 9. Doppelstunde soll in der 10.
Doppelstunde der Bereich erweitert werden
auf die
– Koppelung von Farbe und Geschmack
und die
– Koppelung von Farbe und Gemütszustand.

Mit Geschmack sind hier die Empfindungen
der Zunge gemeint, die zwischen „süß",
„sauer", „salzig", und „bitter" unterschei-
det. Alle anderen Geschmacksempfindun-
gen werden durch Nerven des Nasenbe-
reichs vermittelt. Eine in der Umgangssprache anzutreffende Koppelung zwischen Ge-
schmacksempfindungen und Farbe ist die
Bezeichnung „süßliche Farben" (s. auch 1./
2. Doppelstunde).
In „Farbe hilft verkaufen" berichtet H. Frieling von Untersuchungen über die Koppelung von Farben mit den Geschmacksquali-
täten „süß", „sauer", „salzig", „bitter" (s.
S. 29 ff., Tafel II: dargestellt sind vier fiktive

Verpackungen mit unterschiedlicher Farbgebung. Entsprechend der jeweiligen Farbgebung sollen die Begriffe „süß, sauer, salzig, bitter" den Verpackungen zugeordnet
werden). Da sehr viele Versuchspersonen
die vier Begriffe den entsprechenden Farbkombinationen „richtig" zugeordnet haben,
bezeichnet H. Frieling das Untersuchungsergebnis als „durchaus eindeutig". Eigene
umfangreiche Versuche mit Studenten zeigen – bis auf geringere Prozentzahlen, besonders bei „bitter" – ähnliche Ergebnisse.

Für die Koppelung zwischen Farbe und Gemütszustand wird auf die 1955 in Kentucky
durchgeführte Untersuchung von H. Frieling
zurückgegriffen (in Frieling, „Farbe hilft verkaufen", S. 43 ff.).
Die Befragten konnten aus 28 Farben eine
oder zwei auswählen um z. B. Liebe, Haß,
Zwang, Schwäche usw. auszudrücken. Anga-
ben, die unter 5% lagen, wurden nicht berücksichtigt. Das Ergebnis dieser Untersuchung – die genannten Farben und ihr pro-
zentualer Anteil – ist stark schematisiert auf
einer Tafel festgehalten (Tafel III), aber
ebenso differenziert beschrieben (S. 44/45).
Eine Erklärung für diese Koppelung von Farbe und Gefühl gibt Pawlik in seinem Rund-
funkvortrag (RIAS I, 9. 9. 81):
„Die lernpsychologischen Verknüpfungen
zwischen Farbe und Gefühl dürften im Vergleich ... zur sozialen Normierung z. B. der
Farbe Schwarz für Trauer, Feierlichkeit,
Würde (Umstellung durch den Verfasser)
... aber noch tiefer reichen. Bedenken wir
dazu, daß die körperlichen Begleiterschei-
nungen intensiver Gefühlszustände, der sog.
Affektregungen (wie tiefer Schmerz, Ent-
setzen, ausgelassener Frohsinn usw.) von
körperlichen Ausdruckserscheinungen be-
gleitet sind, die wir unter anderem auch an
den Abstufungen der Gesichtsfarbe differenzieren können. Wir erblassen im Zustand
des Entsetzens und der Angst, wir laufen rot
an bei Freude oder im Zorn. Diese mit

Koppelung von Farbe und Gefühl

Liebe: Helle, leuchtende Farben. Das verlangende Rot, das zärtliche Rosa, das trieb-
hafte Rotorange, sehnendes Blau und besitzergreifendes Grün.

Freude: Ebenfalls helle, leuchtende Farben. Lautes und verlangendes Rot, mit-
teilungsfreudiges Orange, naturhaftes Grün, helles Blau und leuchtendes
Gelb.

Trauer: Dunkle, schwere Farben. Schwarz, Violett, Grau – auch Weiß. In dieser Farbgebung ist mehr die Kümmernis als der Glauben an eine Erlösung (wie im
Orient mit weißer Trauerfarbe) angesprochen.

Angst: Ungesättigte und vergraute Farbtöne. Von den bunteren Farben nur das aus
der Testpsychologie als Stauungs- und Begrenzungsfarbe bekannte Grün (im
positiven Sinn hegen, sonst bewahren, einschließen, absperren). Das zwie-
lichtige Violett und merkwürdigerweise ein Gelb, das die Ziellosigkeit des
Weges dokumentiert. Als weitere Farben werden verwendet: Graurosa, Grau-
grün, Braun (verkrampfend), Oliv (verdunkeltes Gelb).

Zorn: Eindeutige Stimulationsfarben. Rot führt, das Gelb hier nicht positivkommuni-
kativ, sondern als „Unbegrenztes", was ja auch in seinem Wesen liegt. Purpur
als Machtfarbe, Orangerot als Triebfarbe.

Haß: Gelb führt bei Verwendung sonst mannigfaltiger Farben, zu denen auch noch
Grünbraun (Galle!) gehört. Gelb-Violett (starke Erlebnisbereitschaft nach dem
Wägeprinzip Leicht oder Schwer!) spielt als Polarität hier eine wesentliche
Rolle. Rot als Triebfeder, Grün als Eingeständnis eigener Enge.

Stolz: Auf der Tafel hier nicht abgebildet. Die Hauptfarben sind das bewußte Purpur,
das mitteilende und geltungsheischende Orange, das herrscherliche Rot und
das wertgebende Gold.

Kraft: Durchaus verschieden von Stolz, führen hier „feste", solide Farben, wie Braun
(Stabilität), Ultramarin (Festigkeit, Vernunft), natürlich auch – dunkleres – Rot
als Kraftausdruck schlechthin, sowie das mehr naturkräftige Grün, das stolze
Purpur und das geltungsheischende Orange.

Schwäche: Ungesättigte und aufgehellte Farben führen. Der hohe Anteil von Weiß fällt
auf, eine Farbe, die sonst bei derartigen Befragungen nicht genannt wird
(außer bei Reinheit, Keuschheit). Typisch das Vorhandensein des etwas
morbiden hellen Lila und des schüchternen Rosa sowie des Himmelblau.

Ruhe: Auffällige Führung von Grün, was mehr die vegetative (sozusagen aktiv
genossene) Ruhe meint im Gegensatz zu Grau, der Auslöschung der Vitalität.
Auch Blau wird für eine ruhige Farbe gehalten – mit Recht, wenn man es mit
Rot vergleicht. Überhaupt Farben, die das Element „Erde" kennzeichnen!

[aus: H. Frieling: Farbe hilft verkaufen, Göttingen 1957 (Musterschmidt-Verlag), S. 44/55]

Reaktionsformen des vegetativen Nervensystems und der Veränderung von Blutdruck,
Herzfrequenz und Blutgefäßdurchmesser zu-
sammenhängenden Ausdrucksveränderun-
gen sind kulturell recht einheitlich. Wir lernen sie ab frühester Kindheit am eigenen
Ausdrucksgeschehen und an dem unserer
Mitmenschen."

Der Begriff „ungetrübte Freude", „reine
Freude" korreliert mit den „reinen", „unge-
trübten" im Versuch gewählten Farben.
Auch die Beobachtung von eigener und anderer Mitmenschen Schwäche (krank,
schwach, blaß, grau) führt von der ablesba-
ren Gesichtsfarbe zu recht eindeutiger Farbwahl im Test. Dem Gefühl Liebe wird ex-

trem häufig die Farbe Rot zugeordnet. Der Grund kann in der Überlagerung mehrerer Momente liegen: neben dem von Pawlik aufgeführten Zusammenhang zwischen vegetativem Nervensystem und entsprechender physiologischer Veränderung, ist es die *Symbol*farbe Rot (z. B. christliche Ikonographie) und der Gebrauch im Volksmund („rot ist die Liebe").

Dem Gemützustand Trauer wird ebenfalls extrem hoch die Farbe Schwarz zugeordnet. Pawlik verweist dabei auf den Lernvorgang innerhalb der „sozialen Normierung", im Gegensatz zu Indien, wo Weiß die Trauerfarbe ist. Dem ist nicht zu widersprechen, doch auch dieser scheinbar diametrale Unterschied hat eine gemeinsame tiefergehende Wurzel: beides – Schwarz und Weiß – sind unbunte Farben, beiden fehlt der Buntwert, das Farbige, das Leben!

Didaktisch-methodische Vorbemerkungen

Nach der häuslichen Auswertung der Tests aus dem 8. Unterrichtsschritt der 9. Doppelstunde gibt der Lehrer die Ergebnisse bekannt. Das Ineinandergreifen von 9. und 10. Doppelstunde hat nicht nur organisatorische Gründe (häusliche Auswertung), sondern auch methodische, da die Bekanntgabe der Test-Ergebnisse und die Zuordnung der Ergebnisse zu den bereits formulierten Thesen den Diskussionstand wieder in Erinnerung ruft.

Zur einfachen Handhabung sollten die vier Thesen auf drei reduziert werden, da ja These 3 und 4 im wesentlichen identisch sind: (s. u.)

Der Lehrer sollte nochmals darauf hinweisen, daß in den folgenden Doppelstunden Tests, Bild- und Textanalysen durchgeführt werden, um zu überprüfen, welche These wohl Gültigkeit und welche Bedeutung das Ergebnis für die Anwendung im täglichen Leben hat.

Die Ergebnisse des Assoziationstests aus dem 8. Unterrichtsschritt der 9. Doppelstunde werden die These 3 bestätigt haben. Im folgenden Unterricht soll deshalb zuerst ein Test durchgeführt werden (Geschmack-Farbe-Koppelung, siehe Sachinformation zur 10. Doppelstunde), der aufgrund der sehr hohen Übereinstimmung bei den Versuchspersonen mehr die These 2 bestätigen wird. Ebenso könnte als Alternative ein Test zur „Zahl-Farbe"-Koppelung durchgeführt werden (siehe H. Frieling, Das Gesetz der Farbe, S. 42). Da diese Koppelung sehr fragwürdig ist und fast keine (oder nur minimale) Übereinstimmungen festzustellen sind, wird dadurch mehr die These 1 bestätigt. Hier hat der Lehrer jeweils zu entscheiden, wie groß das „Wechselbad" sein soll, das er seinen Schülern aus methodischen Gründen zumuten will.

Das „Wechselbad" jedoch selbst ist Methode! Es entspricht einmal den unterschiedlichen Auffassungen in der Fachliteratur und gibt außerdem Einblick in eine Methode empirischer Vorgehensweise – hier „amateurhaft" – bei der Hypothesen verifiziert werden (oder nicht).

These 1	These 3	These 2
Experimentell	Persönliche Schwankungen,	Gesetzmäßige
nicht gesichert	aber auch viele	Erscheinung
	Gemeinsamkeiten	

Bei den Erprobungen wurde hauptsächlich der Test zur Geschmack-Farbe-Koppelung durchgeführt. Er soll auch hier dargestellt werden. Der Test verläuft genau umgekehrt wie die eigenen Versuche zur Farbe-Musik-Verknüpfung:

In diesem Fall sind *Farbkombinationen vorgegeben* denen die Begriffe „süß", „sauer", „salzig", „bitter" zugeordnet werden sollen. Für diesen Versuch muß sich der Lehrer von der Tafel II und III nach Frieling (1957) ein Diapositiv anfertigen (lassen) oder er stellt entsprechende Schautafeln her. Die Auswertung kann über Zettel erfolgen, oder einfacher durch Handaufzeigen. Anschließend erfolgt die prozentuale Auswertung.

(Anmerkung: Da der nächste Test [Farbe-Gefühl] genauer ausgewertet werden soll, könnte im obigen Fall auf eine Auswertung evtl. verzichtet werden. Das einfache Handaufzeigen könnte dann durch die Vielzahl der Meldungen den Schülern die große Übereinstimmung demonstrieren.)

Um die Koppelung zwischen Farbe und Gemütsempfindungen festzustellen, bedarf es eines weiteren Tests. Es werden zur Vereinfachung nur „Freude", „Kraft", „Ruhe" und „Schwäche" ausgewählt. Durch diese Reduzierung wird einmal die Durchführung vereinfacht, außerdem sind diese Empfindungen gewählt worden, da sie recht gegensätzlich sind und „Freude" und „Ruhe" außerdem noch für spätere Unterrichtsschritte benötigt werden. Auf die Empfindungen „Liebe" und „Trauer" wurde verzichtet, da die Koppelung mit Rot bzw. Schwarz zu direkt ist.

Da es für den Lehrer sehr zeitaufwendig wäre, wenn er selbst alle Farbkarten für den Test anfertigen würde, da es außerdem sehr zeitraubend wäre, die Nennungen aller Schüler zu notieren und rechnerisch auszuwerten, wurde bei den Erprobungen ein vereinfachtes Testverfahren und ebenso ein einfa-

ches und anschauliches Auswertungsverfahren erdacht (Beschreibung siehe 5. Unterrichtsschritt).

Der eigene Versuch wird erweitert durch das Diapositiv von Tafel III. Es wird jeweils der Bezug zu den drei Thesen hergestellt.

Da in der 11. und 12. Doppelstunde die bewußte Hervorrufung von Synästhesien und Assoziationen an Werbebeispielen analysiert werden soll, wird an dieser Stelle der Bezug zur Malerei hergestellt. Es lassen sich mehrere Möglichkeiten nennen, so z. B. von Brueghel „Der Zug der Blinden". Die von Brueghel gewählten Farben sind fast identisch mit den im Text zum Begriff „Schwäche„ genannten. Das Bild „Lebensfreude" von Delaunay wurde von H. Frieling als Beispiel für eine Entsprechung ausgewählt, bei der Titel, Farbe und fast auch die prozentualen Anteile identisch sind. Ein Diapositiv dieses Bildes (Tafel IV) soll deshalb in der 10. Doppelstunde analysiert werden. Da das Bild gegenstandsfrei ist, werden die Schüler gezielt auf die Funktion der Farbe geführt.

Materialien

– Diapositiv zu „süß", „salzig", „bitter", „sauer" oder
  Schautafel
– Diapositiv zu Farbe und Gemütsbewegung
– Diapositiv: Delaunay „Lebensfreude"
– Je Schüler 8 Zeichenkartonplättchen 5 × 5 cm
– Je ein Raster mit der Überschrift „Freude", „Ruhe", „Kraft", „Schwäche"
– Stecknadeln oder Kleber

Ziel der Stunde

Die Schüler sollen Assoziationen und Synästhesien erkennen und übertragen können.

Teilziele der Stunde

– Die Schüler sollen erkennen, daß sowohl zwischen Farbe und Geschmack (Synästhesie) als auch zwischen Farbe und Gefühl (Synästhesie, Assoziation, Symbol) eine Koppelung besteht.
– Sie sollen das Testmaterial auswerten lernen.
– Sie sollen das Testergebnis auf ein Kunstwerk übertragen und den Aussagewert der Farbe im Kunstwerk als Anwendungsgebiet erkennen können.

Unterrichtsverlauf

1. Unterrichtsschritt

Als Einstieg in die Auswertung werden zwei exemplarische Testbeispiele vorgelesen (Paar vor orangerotem und Paar vor graublauem Hintergrund), die deutlich machen, daß – bedingt durch Farbe – die gleiche Situation jeweils unterschiedlich beurteilt wird.
Anschließend schreibt der Lehrer die prozentuale Auswertung an die Tafel, z. B. wie folgt:
– x% haben aufgrund der Farbe die Situation des Paares *unterschiedlich beurteilt,*
– y% sind durch die Farbe *nicht beeinflußt* worden.

Der Tafelanschrieb soll diskutiert und die Konsequenz aus dem Ergebnis gezogen werden. Die Konsequenz könnte etwa wie folgt lauten:
Der Versuch zeigte, daß wir durch Farbe beeinflußt werden können. Wenn jemand Farbe *gezielt* einsetzt, kann es dazu kommen, daß wir so beeinflußt werden, daß wir dadurch Dinge, Situationen, Personen in *seinem* Sinne *beurteilen.*

2. Unterrichtsschritt

Der Lehrer schreibt nochmals die drei Thesen in Kurzfassung an die Tafel. Die Schüler erhalten jetzt die Aufgabe, das Ergebnis des Tests mit den Thesen in Verbindung zu bringen. Je nachdem ob 90% oder nur 50% der Klasse durch den farbigen Hintergrund beeinflußt wurde, wird jeweils entweder die These 2 oder die These 3 eine Bestätigung erfahren. Das Ergebnis könnte ganz einfach formuliert werden, z. B.: Da unser Versuch sowohl 50% Gemeinsamkeiten als auch 50% Abweichungen aufzeigte, ist dadurch die dritte These bestätigt worden.

Nach diesen beiden Unterrichtsschritten sollte der Lehrer nochmals darauf hinweisen, daß in den weiteren Unterrichtsschritten und in der 11./12. Doppelstunde Tests, Bild- und Textanalysen durchgeführt werden, um zu überprüfen, welche These wohl Gültigkeit und welche Bedeutung das Ergebnis für die Anwendung im täglichen Leben hat. Dadurch soll den Schülern der *Zusammenhang* deutlich werden, damit die einzelnen Tests usw. nicht losgelöst für sich stehend erscheinen.

3. Unterrichtsschritt

Test zur Synästhesie „Farbe-Geschmack"
Der Lehrer schreibt die Begriffe „bitter", „süß", „salzig", „sauer" in dieser Reihenfolge an die Tafel. Anschließend wird das Diapositiv (aus H. Frieling, Farbe hilft verkaufen, Tafel II) projiziert.
Die Schüler haben die Aufgabe, jedem Bild einen Begriff zuzuordnen.
Soll eine prozentuale Auswertung erfolgen, werden die Zettel abgegeben, und von einigen Schülern die richtigen Ergebnisse pro Bild addiert. Bezogen auf die Klasse (100%) können nun die Ergebnisse errechnet werden.
Soll es nicht so genau zugehen, soll nur ein

„Aha"-Effekt erzielt werden, genügt das Handaufzeigen, um die große Übereinstimmung zu demonstrieren.

Das Ergebnis verstärkt jetzt wieder den Eindruck, als sei die These 2 (Arnold: „gesetzmäßige Erscheinung") richtiger.

4. Unterrichtsschritt

Je Schüler werden 8 Zeichenkartonplättchen, ca. 5 × 5 cm, verteilt und die Begriffe „Freude", „Kraft", „Ruhe", „Schwäche" an die Tafel geschrieben.

Die Schüler erhalten die Aufgabe, mit dem Deckfarbkasten jeweils zwei Kartonplättchen mit den Farben anzustreichen, von denen sie annehmen, daß es die treffendsten zu dem Begriff seien. Es ist wichtig, daß der Lehrer darauf hinweist, daß nicht die reinen Farben des Deckfarbkastens genommen werden müssen, sondern daß auch gemischt werden kann.

5. Unterrichtsschritt

Für die Auswertung hängt der Lehrer jetzt die vier Raster an eine Stecktafel oder Klemmleiste. (Ganz einfach: vier Tapetenreste, je eine Senkrechte und eine Waagerechte als Winkel und die Überschrift/siehe Begriffe letzter Unterrichtsschritt).

Schüler, die mit ihrem Farbkärtchen fertig sind, heften diese mit Stecknadeln oder Kleber (z. B. Fixo-Gum, um die Kärtchen beim Umordnen wieder lösen zu können) an das entsprechende Raster. Der Lehrer hilft dabei, daß z. B. Rot über Rot geheftet wird. Außerdem sollte er dabei helfen, daß bei geringen Farbtonunterschieden ähnliche Farbtöne doch zu einer entsprechenden Farbsäule zugeordnet werden. Es kommt bei diesem (Schul-)Versuch auf die *Tendenz* an. Die entstehenden Säulen müssen evtl. noch so umgeordnet werden, daß jeweils die größte links, die nächste rechts davon angeordnet steht.

Zur Auswertung versammelt sich die Klasse im Halbkreis vor den vier Rastern. Zunächst werden die Schüler wohl darüber staunen, daß viele unterschiedliche Ausgangstöne mehr auf Unterschiede als auf Gemeinsamkeiten hinzuweisen scheinen. Die Gemeinsamkeiten sind jedoch auch vorhanden aber nicht so augenfällig: auch wenn unterschiedliche Ausgangstöne gewählt wurden (Grün, Braun, Blau), so ist doch das *Aufhellen* mit Weiß oder das *Trüben* mit Hellgrau die Gemeinsamkeit, da auf diese Weise die Intensität der einzelnen Farbe reduziert wurde, um z. B. „Schwäche" auszudrücken.

Nachdem die Gemeinsamkeiten durch das Unterrichtsgespräch herausgearbeitet worden sind, kann der Lehrer jetzt das Diapositiv aus Frieling „Farbe hilft verkaufen", Tafel III projizieren. Ersatzweise kann der Lehrer auch vier Schautafeln zu „Freude", „Kraft", „Schwäche", „Ruhe" nach den Prozentangaben von H. Frieling anfertigen.

Das Diapositiv bzw. die Schautafeln haben die Funktion, einen Vergleich zwischen den Testwerten H. Frielings und dem Klassenergebnis zu ermöglichen. Dabei kommt es jedoch nicht auf geringe Prozentabweichungen an. Es geht auch hier nur um die Tendenz; die Schüler sollen feststellen, daß ihre Werte grob denen von Frieling ähnlich sind.

Das Ergebnis könnte deshalb wie folgt lauten:

Bei unserem Versuch zur Koppelung von Farbe und Gemütszustand sind bei Freude, Kraft und Schwäche ähnliche Ergebnisse herausgekommen. Bei Ruhe weicht das Klassenergebnis ab. Konsequenz: Es ist deshalb wahrscheinlich, daß bei vielen – aber nicht bei allen – Menschen durch Farbkombinationen auch entsprechende Assoziationen hervorgerufen werden.

Anmerkung:

Die Farbkombination der „Lord-Extra"-Werbung sind sehr oft die gleichen, die H. Frieling als Testergebnis für „Freude" festgestellt hat!

6. Unterrichtsschritt

Die Schüler erhalten jetzt die Aufgabe, das Untersuchungsergebnis mit den drei Thesen in Verbindung zu bringen. Da es auch Abweichungen gegeben hat (als extremes Beispiel: kräftiges Zinnoberrot bei „Schwäche"), einige Farben nur minimal vertreten sind und H. Frieling Werte unter 5% fallen läßt, sollten die Schüler eigentlich sehr schnell das Ergebnis der These 3 zuordnen können.

7. Unterrichtsschritt

Die Schüler sollen nun die Erkenntnisse aus dem vorausgegangenen Versuch auf ein Kunstwerk – möglichst selbständig – übertragen. Das Diapositiv (Delaunay, „Lebensfreude", 1930, Tafel IV, in Frieling: Farbe hilft verkaufen) wird projiziert und der Name des Künstlers und das Entstehungsjahr an die Tafel geschrieben, der Titel wird noch nicht genannt, da sonst die Beziehung zum vorausgegangenen Schritt zu leicht gemacht wird.

Falls die Schüler nach ersten freien Äußerungen und Fragen die Beziehung zur Farbe-Gefühl-Verknüpfung nicht von allein herstellen, kann der Lehrer mit einem Denkanstoß weiter helfen:

„Erfindet mögliche Titel zu dem Bild"!

Die Schüler machen Titelvorschläge, einige davon werden als Näherungswerte das „Heitere", „Fröhliche" beschrieben. Danach schreibt der Lehrer den Titel „Lebensfreude" an die Tafel.

Spätestens jetzt sollten die Schüler den Bezug zum Vorausgegangenen Test herstellen können und feststellen, daß der Künstler die Farben gewählt hat, die auch H. Frieling für „Freude" im Test herausgefunden hat. Der Lehrer sollte hier noch ergänzen, daß die vom Künstler gewählten Farben auch prozentual denen des Testergebnisses gleichen.

11./12. Doppelstunde:
Synästhesien und Assoziationen: Analyse von Anzeigenwerbung

Sachinformation

In diesen Doppelstunden geht es um ein weiteres Anwendungsgebiet der psychologischen Farbwirkung: die Werbung.

Da Werbung sehr vielschichtig ist, stellt die psychologische Farbwirkung nur einen Teilaspekt dar, trotzdem wird mit ihm der Kernpunkt der Wirkungsmechanismen getroffen. Andere Teilaspekte der Anzeigenwerbung sind: Bildinhalt und -aufbau, Text, Slogan, Typografie, fotografische Verfahren, Normen und Wertvorstellungen, Rollenklischees u. a. m.

Zunächst einige Bemerkungen zur Funktion der Werbung und der Bedeutung der Farbe. Unsere Güterproduktion ist stark durch „Produktgleichheit" gekennzeichnet, d. h. daß sich viele Produkte in ihrer Qualität nicht oder kaum unterscheiden. Blindversuche zeigen eindeutig, daß viele Versuchspersonen z. B. beim Rauchen verschiedener Filterzigarettenmarken nicht in der Lage waren, ihre Marke herauszufinden. Gleiches oder ähnliches gilt z. B. für Margarine, Weinbrand, Colagetränke usw.

Damit sich diese von gleichen oder ähnlichen Produkten unterscheiden, ist man als Produzent innerhalb des Wettbewerbs gezwungen, seinem Produkt einen eigenen Charakter, ein „Image" zu geben, um sich von der Konkurrenz zu unterscheiden. Dieses aufzubauende Bild (Image) des Produkts, seine Erscheinung, kann sich deshalb nur an Äußerlichkeiten festmachen: Aussehen, Verpackung, Slogan . . .

Was jetzt in Konkurrenz zueinander tritt, sind nicht die gleichen (ähnlichen) Funktionen des Produkts, sondern es konkurrieren die Erscheinungsbilder, das Image der Produkte.

Zu den wesentlichen Erscheinungsbildern gehört nicht nur die Aufmachung, Verpackung der Ware, sondern die Anzeigenwerbung, z. B. in Illustrierten, auf die sich hier beschränkt werden soll. Die farbigen Werbeseiten stellen nicht nur das Produkt und seine Verpackung dar, beide sind in ein farbiges Umfeld gestellt. Die im Umfeld dargestellten Personen, Gegenstände, Farben bestimmen das Bild (Image), das sich der Betrachter vom Produkt machen soll. Die farbige Anzeige ist also die Koppelungsebene zwischen Produkt und dem Image, dem „Charakter" des Produkts. Beim Aufbau des Images kommt der Farbe eine wesentliche Bedeutung zu.

„Farbige Anzeigen haben große Vorteile gegenüber schwarz-weißen, weil zusätzliche *Aufmerksamkeits- und emotionale Werte* erscheinen, die in jedem Fall die Mehrkosten rechtfertigen. Bei sachlich-informativem Text kann die Farbe als sinnbildliche, *emotionale* und spezifisch *wunscherweckende* Komponente kaum entbehrt werden." (H. Frieling, Farbe hilft verkaufen, a.a.O., S. 84, Hervorh. d. d. Verf.)

Mit dem *Aufmerksamkeitswert* der Farbe meint H. Frieling wesentlich das „Ins-Auge-Springen" einer Farbe. Sie erregt unsere Aufmerksamkeit,
– weil sie als farbige Anzeige zwischen schwarz-weißen eingebettet ist
– weil z. B. Rot in einer grünen Umgebung besonders leuchtet (Gegenfarben)
– weil z. B. eine reine Farbe vor einem getrübten Hintergrund besonders intensiv wirkt (Qualitätskontrast) usw.

Dieser Aufmerksamkeitswert der Farbe wird auch *Signalwert* genannt.
Wie ein Signal leuchtet eine Farbe (Farbkombination) in einer entsprechenden Umgebung.

Der Begriff „emotional" dagegen betont die

Summe von Synästhesien und Assoziationen und spielt in die wunscherweckende Komponente hinein. So kann z. B. der halbbewußte Wunsch nach „Gemütlichkeit" durch entsprechende Brauntöne und Orange hervorgerufen werden. Dieser Wunsch, über Farbe und Interieur verbildlicht (codiert), wird dann mit dem Produkt „x-y-Weinbrand" gekoppelt. Die Bedeutung dieses emotionalen Moments ist so groß, daß kapitalkräftige Werbeinstitute Farbpsychologen beschäftigen oder deren Forschungsergebnisse zu Rate ziehen. Ziel vieler Forschungen ist es, herauszufinden, wo – bezogen auf Symbolfarbe, Synästhesien, Assoziationen – die überindividuellen Gemeinsamkeiten im Vergleich zu den Abweichungen (persönliche Schwankungen) überwiegen. Die Thesenbildung und die Versuche in der 8./9. und 10. Doppelstunde beziehen sich genau auf diesen Aspekt!

Der Produzent muß die Aussage, seine „Botschaft", in das Medium Werbeanzeige bildlich umsetzen, „codieren", und zwar so prägnant, daß sie den Komsumenten bei der kurzen Verweildauer der Betrachtung trifft. Der Produzent „codiert" seine Botschaft als Bild, der Betrachter (Konsument) muß die bildlich vermittelte Aussage wieder entschlüsseln, „decodieren". Was nützt es aber, wenn der Produzent etwas so codiert, daß der Konsument es nicht decodieren kann, weil er nicht die gleiche assoziative Verknüpfung bei der entsprechenden Farbe hat. Wenn z. B. ein Produzent gezielt die Farbe Gelbgrün einsetzt und damit „Mai", „Heiterkeit" assoziieren will, wenn dagegen bei allen Konsumenten Gelbgrün negativ besetzt ist und es als „Neid" decodiert wird, dann handelt es sich um eine kommunikative Störung, die jeder Werbetreibende vermeiden möchte.

Die Forschung hat deshalb die Aufgabe, die überindividuellen Gemeinsamkeiten einer Zielgruppe zu erforschen. Der Produzent hat einen Symbol- und Zeichenvorrat zur

Codierung, der Konsument hat einen Symbol- und Zeichenvorrat, der ihm beim schnellen Decodieren hilft. Eine Werbeanzeige ist dann kommunikativ wirksam, wenn alle Konsumenten der angesprochenen Zielgruppe die Botschaft schnell – auf einen Blick – bewußt oder halbbewußt – decodieren können. Es wird also der größtmögliche „teilidentische Code" erforscht.

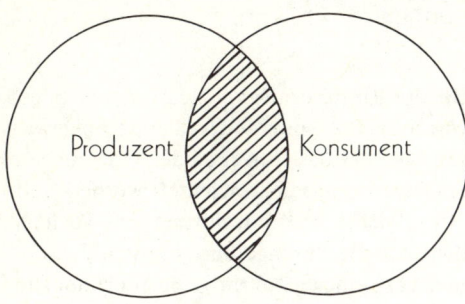

teilidentischer Code
gemeinsamer Symbol - und Zeichenvorrat

Bei den Testergebnissen der vorausgegangenen Doppelstunden handelte es sich also um die „Erforschung" des teilidentischen Codes der Klasse bezogen auf Assoziationen und Synästhesien.

H. Frieling unterstreicht die Bedeutung der Aumachung eines Produktes durch einen Versuch:
„Wir prüften die Güte zweier Kaffee-Ersatzpackungen dadurch, daß wir den Kaffee in einschlägigen Geschäften kostenlos ausschenken ließen und zwar so, daß zwei Sorten markiert waren: A und B, welche aus den Packungen A und B entnommen wurden. Die Eingeladenen wurden nun gefragt, welcher Kaffee besser schmeckte. Es war aber immer derselbe Kaffee, dieselbe Bohnenzahl, ... Trotzdem stimmten die Begutachtungen der Sorte A und B nur in knapp 20% überein. Es wurden große Unterschiede gefunden, z. B. in der Milde, der Würze,

dem Gehalt an Bohnen." (Frieling, Farbe hilft verkaufen, a.a.O., S. 94/95)
Farbe und Form bestimmten also das Urteil (wesentlich mit). Das gleiche gilt für Farbe und Inhalt des bildlichen Umfeldes eines Produktes in Werbeanzeigen. Es entstehen Meinungen, Einschätzungen aufgrund von äußerlichen Aspekten.
Die Urteilsbeeinflussung aufgrund von Farbe soll in den nächsten Doppelstunden an ausgesuchten Werbeanzeigen analysiert werden. Um die Zielrichtung dieser Analysen zu verdeutlichen, ist es nötig, noch eine Sachklärung vorzunehmen, da bei der Analyse oft Gegenstandsfarbe bzw. Produktfarbe mit der psychologischen Farbwirkung durcheinandergebracht werden. Zur Sachklärung soll deshalb auf einen Aufsatz von Till Neu zurückgegriffen werden.
In der Zeitschrift „Kunst und Unterricht", Heft 63, 1980, setzt er sich nicht nur kritisch mit der Funktion von Farbenlehren im Unterricht auseinander, er entwirft auch einen Katalog von Inhalten und Zielen zum Sachbereich Farbe. In dieser generell positiv zu bewertenden Arbeit muß allerdings ein Aspekt kritisch beleuchtet werden. Da es für die weitere Vorgehensweise wichtig ist, soll die Kritik ausführlich dargestellt werden: In einer dort abgebildeten Schülerarbeit wurden Probestreifen aus Werbeanzeigen einer Illustrierten zu einer Collage zusammengelegt. Alle Streifen sind aus Werbeanzeigen geschnitten, bei denen Brauntöne die bestimmenden Farben sind. Es handelte sich dabei um Werbungen über Tönungsshampoo, Dusche, Jägermeister, Parfüm und Wein.
Da allen Braun zugrundeliegt, kommt nun Till Neu zu dem Schluß, daß Farbverwandtschaft und Farbklang *nicht* auf eine gemeinsame Klasse von Produkten verweisen. Dieser Schluß ist nur auf der oberflächlichen Ebene richtig:
– Wenn braunes Tönungsshampoo mit Braun dargestellt wird, handelt es sich um

die Gegenstandsfarbe, um das Ergebnis der Tönung. Wenn das ganze Umfeld dabei in Braunvariationen gehalten wird, ist es ein Gesichtspunkt der Wahrnehmung im Sinne einer Gestaltganzheit.

– Wenn das Parfum „Moschus" mit Brauntönen gestaltet wird, dann handelt es sich sowohl um Assoziationen und Synästhesien (Moschusochse, „schwerer", „wilder" Geruch).
– Wenn Jägermeister in Brauntönen dargestellt wird, dann ist es zumindest die Variation der Produktfarbe (von anderen Aspekten soll hier abgesehen werden).
– Wenn für Wein (es ist nicht zu erkennen, um welche Marke es sich handelt) mit diesen Brauntönen geworben wird, dominiert meist der Aspekt des Urig-Gemütlichen.
– Eine Seife, Deodorant aus der Serie „Tabac" wird logischerweise Brauntöne als direkte Assoziation zu Tabak benutzen.

Erst auf dieser Ebene wird die Funktion von Farbe deutlich. Es ist klar, daß Brauntöne nicht auf eine Klasse von Produkten verweisen. Es verweist aber auf einer höheren Ebene auf gleiche Synästhesien und Assoziationen!

Brauntöne werden z. B. eingesetzt:
1. als Produkt- bzw. Gegenstandsfarbe bei der Werbung für ein bestimmtes Produkt
2. als Zeichen für „männlich"
3. als Zeichen für „gemütlich"
4. als Zeichen für „erdhaft-urig"
5. als Zeichen für „Tradition"

Zur Erläuterung ein weiteres Beispiel:
Hautpflegemittel und Kaffee gehören z. B. nicht zur gleichen Klasse von Produkten. Handelt es sich jedoch um einen speziellen „magen-schonenden" Kaffee, dann entsteht – die Werbung betreffend – auf der Wirkungsebene ein Gemeinsames: sowohl Pflegemittel als auch der spezielle Kaffee sollen so angeboten werden, daß sie als „scho-

nend" eingeschätzt werden. Beide Werbeanzeigen arbeiten deshalb mit dem ähnlichen farblichen Mittel. Es sind aufgehellte Farben, um so optisch das „Zarte, Schonende" auszudrücken.

Um diese Ebene der Farbwirkung soll es in den folgenden Doppelstunden gehen.

Didaktisch-methodische Vorüberlegungen

Bei der Einführung in die Unterrichtseinheit wurde bereits begründet darauf hingewiesen, daß auf das Eingehen der Wirkung von einzelnen Farben verzichtet werden soll. Die gleiche Stoffreduzierung soll auch an dieser Stelle durchgeführt werden. Zum einen wäre eine ausführliche Besprechung dieser Problematik viel zu umfangreich, zum anderen ist es im Sinne einer Unterrichtseinheit nur logisch, auf die bisher erarbeiteten Erkenntnisse zurückzuführen, also aufbauend, erweiternd zu arbeiten.

Da aber die Farbwirkungen bei der Analyse von Werbeanzeigen doch einen wesentlichen Aspekt darstellen, kann nicht ganz darauf verzichtet werden. Es sollen aber zur Analyse nur solche Werbeanzeigen herangezogen werden, bei denen Farbwirkungen bedeutsam sind, die die Schüler bereits kennengelernt haben.

Es sind die Wirkung von
– aufgehellten, gedunkelten, (selten) getrübten Farben
– warmen, bzw. kalten Farben
– Warm-Kalt-Kombinationen
– Erdfarben
unter jeweiligem Einbezug von Synästhesien und Assoziationen. Neben dem Transfer auf ein weiteres Anwendungsgebiet ist es gleichzeitig eine Wiederholung und Vertiefung.

Die 11. und 12. Doppelstunde bilden eine geschlossene Einheit.

Sie werden deshalb nicht getrennt dargestellt, da je nach Arbeitsweise von Klasse und Lehrer die einzelnen Unterrichtsschritte ganz unterschiedliche Zeiten beanspruchen.

Im ersten Unterrichtsschritt wird ein Assoziationstest durchgeführt und ausgewertet, im zweiten Unterrichtsschritt werden ein Text und eine Tabelle (zu Assoziationen) miteinander verglichen, im dritten Unterrichtsschritt werden Werbebeispiele im Gruppenunterricht analysiert, im vierten Unterrichtsschritt werden die Analyseergebnisse als Rollenspiel vorgetragen, im fünften Unterrichtsschritt findet eine Zusammenfassung im Tabellenform statt, im sechsten Unterrichtsschritt wird ein Versuch durchgeführt (oder ein Text über einen Versuch analysiert), und die Erkenntnis aus den Doppelstunden formuliert.

An dieser kurzen Übersicht ist zu erkennen, daß trotz dominant theoretischer Arbeit die Arten der Auseinandersetzung mit der Sache ständig wechseln (Test – Diskussion – Analyse in Gruppen – Rollenspiel – Tabelle – Versuch – Diskussion).

Der Wechsel der Arbeitsweisen und Sozialformen wurde nicht nur zur Belebung des Unterrichts gewählt, der ständige Wechsel vom konkreten Ausgangspunkt zur Reflexion führt ständig schrittweise zu einem höheren Erkenntnisstand.

Im Gegensatz zu den anderen Doppelstunden muß hier über das Unterrichtsziel ausführlicher gesprochen werden, um utopische Zielvorstellungen zu vermeiden.

Dazu sollen zwei Zitate herangezogen werden:

Im großen Brockhaus, Wiesbaden 1957, steht – vom Verfasser etwas gekürzt – unter dem Stichwort „Suggestion":

„Man versteht unter Suggestion die Beeinflussung anderer Menschen, indem ein Suggestor diesen Werteinstellungen, Überzeugungen und Verhaltensweisen einredet, deren Begründung sich durch die Sache selbst nicht ergibt.

Der suggestive Inhalt ist deshalb besonders intensiv wirksam:

weil die versteckten Mittel und Methoden, mit denen geworben wird, dem Suggerierten nicht bekannt sind, ...

weil der Suggerierte die Inhalte nur unmittelbar, d. h. instinktiv aufnimmt und im allgemeinen nicht mit den notwendigen rationalen und kritischen Fähigkeiten ausgestattet ist, um die suggerierten Inhalte erkennen und abwehren zu können, ..."

K. Kowalski listet in seinem Buch „Grundriß einer Didaktik des Unterrichtsfaches Kunst und Kommunikation" (Stuttgart 1978, S. 286f.) verschiedene Lehrinhalte und Ziele im Bereich Farbe auf. Unter Nr. 18 nennt er als Ziel:

„Erkennen, daß Farben beim Betrachter Gefühle, Assoziationen hervorrufen und Verhaltens- wie Einstellungsveränderungen bewirken, ..."

Der Einfluß auf Verhalten und Einstellungen wird in beiden Zitaten deutlich. Der Brockhaus nennt noch die Gründe für die intensive Wirkung: „... versteckte Mittel und Methoden ..."

„... der Suggerierte [nimmt] Inhalte nur unmittelbar [auf], ..."

Es ist deshalb das wesentliche Ziel der folgenden Doppelstunden, den Schülern die farblichen Mittel und Methoden transparent zu machen, damit sie mit den notwendigen rationalen und kritischen Fähigkeiten ausgestattet werden,

1. die Manipulation zu erkennen und
2. sie eventuell (!) abwehren zu können.

Erreicht der Lehrer das 1. Ziel (Manipulation erkennen), dann handelt es sich um eine durch Wissen erreichte Bewußtseinsveränderung. Damit ist schon das maximale Ziel erreicht. Zu glauben, daß die Schüler durch dieses Wissen auch schon in der Lage wären, so geschickte Manipulation abwehren zu können, ist nicht mehr realistisch und gehört zu den utopischen Zielen. Könnte das 2. Ziel dennoch erreicht werden, dann handelte es sich um eine Verhaltensveränderung. Da eine Bewußtseinsveränderung aber der erste Schritt zu einer Verhaltensänderung ist, sollten alle Anstrengungen gemacht werden, das 1. Lernziel zu erreichen.

Materialien

Je Gruppe zwei bis drei Werbeanzeigen,
– mit dominant warmen Farben, oder
– mit dominant kalten Farben, oder
– mit dem Kalt-Warm-Kontrast, oder
– mit dominant aufgehellten Farben, oder
– mit Erdfarben
und evtl., falls die Sammlung des Lehrers umfangreich genug ist,
– mit getrübten Farben (z. B. einige Putzmittel; „Grau raus – Bunt rein")
– Arbeitsbögen mit Leitfragen zur Werbeanalyse, für jedes Werbebeispiel ein Bogen
– Pro Schüler eine Ablichtung aus Frieling, „Farbe hilft verkaufen", S. 61
– Pro Schüler eine Ablichtung des Arnold-Zitats („Farbgestaltung", a.a.O., S. 93) über Assoziationen,
– Pro Schüler eine Ablichtung aus Frieling, a.a.O., S. 94/95

Ziel der Stunde

Die Schüler sollen die Manipulationsmöglichkeiten mit Farbe in der Anzeigenwerbung erkennen können.

Teilziele der Stunde

Die Schüler sollen
– durch Test und Tabelle feststellen, daß auch bei den Assoziationen Gemeinsamkeiten festzustellen sind;
– die in den einzelnen Werbebeispielen dominierenden Farben erkennen und mit einem übergeordneten Begriff benennen,
– die Wirkung der Farben auf sich erkennen und beschreiben können,
– erkennen, daß der Werbetreibende die Farben gezielt eingesetzt hat,
– erkennen, daß damit gezielt Emotionen und Assoziationen hervorgerufen werden sollen.
– die Koppelung zwischen der Wirkung des Umfelds und dem Produkt erkennen,
– erkennen, daß dadurch die Produktbewertung beeinflußt werden soll.

Unterrichtsverlauf

1. Unterrichtsschritt

Assoziationstest
Da die Synästhesien gründlich behandelt wurden, Assoziationen bei der Koppelung zwischen Farbe und Gefühl nur als Überlagerung von Synästhesien, Symbolfarbe und Assoziationen *indirekt* vorgekommen sind, empfiehlt sich als Einstieg dieser Doppelstunde ein Assoziationstest.
Das Verfahren ist einfach und nimmt wenig Zeit in Anspruch. Der Lehrer nennt dazu einen Farbton, die Schüler schreiben ihn auf einen Zettel und sollen nun so schnell und so spontan wie es geht, alle ihnen dazu einfallenden Assoziationen schreiben.
Da dieser Test nur einen Einblick geben soll, genügen die Assoziationen zu „Rot", „Grün", „Blau", „Braun".
Die einfachste Zusammenfassung der Ergebnisse ist eine Tabelle an der Tafel. Die

Schüler nennen ihre Assoziationen, der Lehrer notiert schnell die ersten Nennungen. Bei gleichen Assoziationen, auch bei ähnlichen Begriffen, die im folgenden genannt werden, wird nur noch ein Strich gemacht. Dadurch lassen sich schnell die Gemeinsamkeiten und die individuellen Schwankungen erkennen.

2. Unterrichtsschritt

Diskussion

Der Lehrer verteilt jetzt die Definition und Beschreibung des Begriffs Assoziation v. W. Arnold:

„Unter Assoziationen versteht man allgemeine Verknüpfungen oder Koppelungen. Im visuellen Bereich bedeuten Assoziationen bewußte oder unbewußte Verbindungen zwischen der Farbwahrnehmung und gewissen Vorstellungen oder Erlebnissen.

Farbton	unmittelbare und übertragene Assoziationen
Rot	Stop! Fahne, Umschwung, Revolution, Gefahr, Feiertag, Blut, Feuer, Feuerwehr...
Rosa	Mädchen, Unterwäsche, Frühling, Ballett, Kosmetik...
Orange	Herbst, Erntedank, Fasching, Gesellig, Jugendlich, Eitelkeit, Apfelsine, Sonnenreife...
Goldgelb	Heiter, gute Laune, Offenheit, gehaltvoll (im Gegensatz zu Zitronengelb), Mitteilung, Sonnenschein...
Zitronengelb	Lustig, frei, sauer, bewegt, nervös, Neugier, Vorsicht, grell...
Gelbgrün	Heiter, durchsonnt, unbeschwert, harmlos, Galle, unreif, Mai, Hirte, südlich...
Grün	Rasen, Wiese, Saaten, Urlaub, Jäger, Wald, erholsam, weich, Gift, Schuld, Drohung, frisch...
Grünblau	Türkis, unpersönlich, eigenwillig, durchsichtig, eisig, hygienisch...
Blau	Himmel, Sehnsucht, Ferne, Traum, Glück, Treue, sauber, nachdenklich, Uniform, Sphärenklänge, Musik...
Ultramarin	Ernst, treu, tief, bedrückend, samtig, klar...
Violett	Magie, Maske, Sorge, mystisch, Trauer, mächtig, duftend, narkotisch, verboten, intim, Schauspiel...
Purpur	Macht, Richter, König, Amt, Anspruch, Feierlichkeit, Wert, Vorhang, Theater...
Braun	Hausbacken, Mutter, solid, langweilig, bürgerlich, zuchtvoll, streng, muffig, Wärme, Erde, Rehaugen, Kot...
Ockergelb	Geld, Verstand, Geiz, natürlich, Sand, müde, gewöhnlich, Babywindel, Kinderkot, Curry, Kostüm...
Grau	Theorie, Schatten, Hades, Tod, Sorge, Mühe, Nebel, Dämmerung, Gespenst...
Schwarz	Tod, Beerdigung, Trauer, Nacht, Loch, Fest, Frack, Teufel...
Weiß	Schnee, Engel, Keuschheit, Sauberkeit, Nachtgespenst, Albino, kalt...
Gold	Glanz, Reichtum, Geld, Macht, Anlage, Eitelkeit, Snob, Fest, Treue, Echtheit...
Silber	Spiegel, Glanz, Münze, Orden, Tafel, Blindwerden...

[aus: H. Frieling, Farbe hilft verkaufen, Göttingen 1957 (Musterschmidt-Verlag), S. 61]

Die emotionale Wirkung eines Erlebnisses – angenehm oder unangenehm – geht bei der Verknüpfung mit der Farbwahrnehmung in das Farbenerlebnis ein und variiert die Gesamtwirkung. In einem Kind, das eine schmerzhafte Arztbehandlung erlebte, kann der Anblick eines weißen Kittels ein Gefühl des Unbehagens, der Angst auslösen. Da die vielfältig möglichen Verknüpfungen von individuellen Erlebnissen abhängen, also subjektiv bedingt sind, kann man allgemeine Regeln für Assoziationen nicht aufstellen" (W. Arnold, Farbgestaltung, S. 103).

Die Schüler sollen dabei erkennen, daß die Aussage Arnolds, „... man kann allgemeine Regeln für Assoziationen nicht aufstellen" im Gegensatz zu ihren Testergebnissen steht.

3. Unterrichtsschritt

Wenn diese Erkenntnis formuliert ist, kann der Lehrer die abgelichtete Tabelle von Frieling verteilen (siehe S. 51).

In der Diskussion, die sich aus dem Gegensatz zur Aussage v. Arnold, dem Test und Frielings Tabelle ergibt, sollen die Schüler folgende Erkenntnisse gewinnen und evtl. an der Tafel festhalten:

– Unser Text zeigt gemeinsame Assoziationen, aber auch Abweichungen (persönliche Schwankungen).
– Arnold sagt, daß wegen der individuellen Erlebnisse *keine allgemeinen* Regeln aufgestellt werden.
– Frieling dagegen spricht von *allgemeinen* Assoziationen.
– Es gibt Übereinstimmungen zwischen unserem Testergebnis und der Tabelle.

4. Unterrichtsschritt

Funktion der Farbe in der Werbung, Analyse

Nach der Einteilung der Klasse in Gruppen erhält jede die vom Lehrer zusammenge-

stellten zwei oder drei Werbeanzeigen und die Arbeitsbögen. Die Analyse der Werbebeispiele soll im Gruppengespräch erfolgen, wobei ein Schüler das Ergebnis notiert.

Folgender idealtypisch ausgefüllter Arbeitsbogen soll hier dem Lehrer als Beispiel vorgestellt werden.

Es handelt sich um die Analyse eines Werbebeispiels aus einer Serie, die für die Whisky-Marke Johnnie-Walker wirbt. Alle Beispiele dieser Serie haben gleiche Farbgebung und ähnlichen Aufbau.

Es ist jeweils der Teil eines palastähnlichen Gebäudes dargestellt. Palast und der ihn umgebende Park sind in dunklen und kalten Farben gehalten. Im Gegensatz dazu sind die erleuchteten Fenster und die (meistens) einladend geöffnete Tür in warmem Orange gestaltet. Die Farbigkeit der Fenster entspricht genau der Farbigkeit der unten rechts abgebildeten Whisky-Flasche.

Arbeitsbogen

Name des Produktes: „Johnnie Walker", Whisky

1. Welche Farbtöne sind hauptsächlich auf der Werbeanzeige zu sehen?
   Hellblau, Mittelblau, Dunkelblau, Blauschwarz, Blaugrün, Gelb, Orange, Rotorange, Rot
2. Könnt Ihr die Farbtöne mit einem übergeordneten Begriff benennen?
   kalte Farben und warme Farben
3. Wir wirken die Farben auf Euch? Was stellt Ihr Euch dabei vor (Assoziationen)?
   Nacht, draußen, kühl, Nachtfeuchte, ungemütlich. Innen, einladend, warm, gemütlich
4. Steht die Farbwirkung mit dem Produkt in einem Zusammenhang?
   Es besteht eigentlich kein Zusammenhang. Garten und Haus sagen nichts über die Qualität des Whiskys aus. Es besteht aber ein Zusammenhang zwischen der

Farbe der erleuchteten Fenster und der Farbe des Whiskys.

5. Welche Absicht könnte der Werbetreibende damit verfolgen?

Das Bild von Wärme und einladender (offener Tür!) Gemütlichkeit verbindet sich assoziativ mit dem Produkt. Die kalten Farben dagegen verstärken diese Koppelung. Der Name „Johnnie Walker" soll so mit der Vorstellung von einladender Gemütlichkeit identisch werden. Diese Vorstellung soll sich möglichst bei mir einstellen, wenn ich – vor die Qual der Wahl gestellt – beim Einkaufen vor einem Getränkeregal stehe.

5. Unterrichtsschritt

Vortragen der Gruppenarbeit

Der Sprecher der Gruppe heftet das jeweilige Werbebeispiel an die Stecktafel und trägt das Ergebnis der Klasse vor. Um etwas Zeit zu gewinnen, genügt es, daß nur die Punkte 3., 4. und 5. vorgetragen werden. Je nach Qualität der Analyse und der Diskutierfreudigkeit der Klasse ergibt sich ein Gespräch: Da die Gruppen teilweise gleiche oder ähnliche Werbeanzeigen analysiert haben, werden sich im Gespräch schon Vergleiche, Differenzierungen, Bestätigungen oder Zweifel und Kritik ergeben.

Falls beim Vortragen oder beim Gespräch kein übergeordnetes Prinzip entdeckt wurde, erhalten die Schüler den Auftrag, die Werbebeispiele an der Stecktafel zu ordnen. Je nach dem zur Verfügung gestellten Material sollen die Schüler selbständig die Gruppen finden, z. B.:

A) Anzeigen mit dominant warmen Farben
B) Anzeigen mit dominant kalten Farben
C) Anzeigen mit dem Gegensatz von kalten und warmen Farben
D) Anzeigen mit dominant aufgehellten Farben
E) Anzeigen mit Erdfarben
F) Anzeigen mit getrübten Farben

6. Unterrichtsschritt

An der Tafel erfolgt dann die weitere Zusammenfassung in Tabellenform (s. Tafelanschrieb/Stundenblatt).

7. Unterrichtsschritt

Nach der Zusammenfassung in der Tabelle sollten die Erkenntnisse der Doppelstunden als kurzer Text formuliert werden.

Ein Beispiel:

In der Werbung wird Farbe gezielt eingesetzt. Dabei werden Synästhesien und Assoziationen benutzt. Das Produkt wird dadurch gefühlsmäßig aufgewertet. Die Farbe hilft, dem Produkt einen besonderen Charakter zu geben, den es eigentlich nicht hat.

Die Erfahrung lehrt, daß den Schülern die Formulierung der übergeordneten Erkenntnisse schwerer fällt als das Ausfüllen der Tabelle. Das liegt einmal an dem verlangten höheren Abstraktionsgrad. Aber auch aus inhaltlichen Gründen fällt den Schülern z. B. die Formulierung der beiden letzten (s. o.) Sätze schwer: sie erkennen zwar die Farben, sie können die Wirkung beschreiben und erklären, sie können auch übergeordnet z. B. den Begriff „Gemütlichkeit", nennen, doch der Unterschied, daß z. B. Johnnie Walker nicht Gemütlichkeit *ist* sondern vornehm, gemütlich *erscheinen soll*, fällt etlichen Schülern schwer. Der Gebrauchswert und das Gebrauchswert*versprechen* werden noch nicht klar getrennt.

Für diese Schüler *ist* das Parfüm eben „männlich-kernig".

Um diesen Schülern die Bedeutung der Aufmachung deutlich zu machen, erhalten sie eine Ablichtung aus Frielings „Farbe hilft verkaufen" (S. 94/95; siehe Sachinformation zu dieser Stunde S. 47).

Im Gespräch nach dem Lesen des Textes soll die Bedeutung der Verpackung (Farbe,

Form) für das Urteil der Versuchspersonen herausgearbeitet und evtl. als Text an der Tafel festgehalten werden.

Ein Beispiel:

Das gleiche Produkt wird durch unterschiedliches Aussehen (Verpackung) auch unterschiedlich beurteilt. Die Versuchspersonen haben eigentlich ein Urteil über die Verpackung abgegeben, sie wurden durch Äußerlichkeiten beeinflußt.

An dieser Stelle kann der Lehrer die Information geben, daß dies eine Methode ist, Aufmachungen und Verpackungen zu testen, um sich dann für die zu entscheiden, die die gewünschten Emotionen, Gefühle, Synästhesien, Assoziationen hervorruft.

Nach dieser Textanalyse sollten die Schüler jetzt eher in der Lage sein, die Erkenntnisse der Doppelstunden in einem kurzen Text zu formulieren, wie das Beispiel auf Seite 96 bei Frieling zeigt (vgl. Tafelanschrieb, Stundenblatt).

8. Unterrichtsschritt

Durch die Lehrerfrage nach der Absicht und dem Sinn dieser beiden Doppelstunden kann das Gespräch noch weiter vertieft werden. Nach dieser gründlichen Behandlung des Themas sind die Schüler in der Lage, das vorn genannte Hauptziel mit ihren Worten recht genau zu formulieren.

Z. B.: „Jetzt kennen wir die Methode, wie man mit Farbe ... Damit wir nicht darauf reinfallen ...“

Alternative

Statt eines Textes über einen Versuch (H. Frieling: gleicher Kaffee in zwei verschiedenen Verpackungen) wird selbst ein ähnlicher Test durchgeführt. Dazu benötigt der Lehrer drei Tafeln Schokolade, die er zuhause so präpariert hat, daß immer die gleiche Marke in drei verschiedenen Verpackungen steckt. Schüler als Testpersonen beurteilen die Marke A/B/C auf einem Testbogen.

Oder: Nach einem ganz kurzen Streitgespräch, was nun besser schmecke, Coca – Cola oder ..., werden eine Coca-Colaflasche, eine Rivercolaflasche und eine Pepsicolaflasche aufgestellt. Alle drei Flaschen sind jedoch mit dem gleichen Getränk gefüllt. Auch hier soll ein Testbogen von mehreren Versuchspersonen ausgefüllt werden. Das Gespräch über das Ergebnis des Versuchs kann durch den oben genannten Text (Frieling, 1957, S. 94/95) ergänzt werden.

13. Doppelstunde: Synästhesien und Assoziationen: Anzeigenentwürfe

Didaktisch-methodische Vorbemerkungen

Nach der theoretischen Arbeit in der 11./12. Doppelstunde sollen die Schüler jetzt die gewonnenen Erkenntnisse *praktisch* umsetzen. Bei dieser Aufgabe werden die praktischen und theoretischen Kenntnisse und Erkenntnisse aus vielen vorausgegangenen Stunden zusammengefaßt. Diese Doppelstunde dient so der Vertiefung und Lernzielkontrolle, wobei durch die Umsetzung von theoretischen Erkenntnissen in Praxis eine simple Wiederholung vermieden wird.

Im folgenden werden drei Vorschläge gemacht, wobei der erste der umfangreichste, der dritte der kürzeste und einfachste ist. Je nach dem Leistungsstand der Klasse oder der zur Verfügung stehenden Zeit kann deshalb eine entsprechende Wahl getroffen werden.

1. Vorschlag:

Die Schüler erhalten aus Werbeanzeigen ausgeschnittene Produktabbildungen mit einem Arbeitsauftrag. Sie sollen für das Produkt einen entsprechenden Hintergrund entwerfen, der die x, y, z-Qualitäten (Arbeitsauftrag) zum Ausdruck bringen soll. Das gesamte Umfeld soll gemalt werden. Gegenstände bzw. Personen können aber auch aus Illustrierten herausgeschnitten und in den gemalten Hintergrund collagiert werden, falls die Schüler keinen Mut haben, gegenständlich zu arbeiten.

2. Vorschlag:
Es ist die gleiche Aufgabenstellung wie im ersten Vorschlag. Die Schüler sollen aber nur einen gegenstandsfreien Hintergrund malen, um die Produktqualitäten optisch auszudrücken. Die Produktabbildung wird wie im ersten Vorschlag mit eingeklebt.

3. Vorschlag:
Jeder Schüler erhält eine ganze Werbeseite mit eindeutiger Farbaussage. Diese Anzeige soll nun partiell so übermalt werden, daß die Aussage verfremdet bzw. umgedreht wird. Mit dieser Form der „Anti-Werbung" lassen sich verblüffende Wirkungen erzielen. Ein ehemals magenschonender Kaffee wird durch farbige Übermalung zum Magenschleimhaut ätzenden, der kernige Marlboro-Mann scheint durch einen blaß-violett-rosafarbenen Hintergrund eher für ein Parfüm zu werben, der Orangensaft stammt aus luftverpesteter Gegend, allein schon die ehemals orangeroten Buchstaben „Erdgas" lassen nach grünblauer Übermalung an der Heizkraft zweifeln.

Allen drei Vorschlägen ist eins gemeinsam: das Kennen bzw. Erkennen von Farbwirkung.
Im ersten und zweiten Vorschlag werden die „Manipulationsmittel" angewandt, im dritten Vorschlag ins Gegenteil verkehrt. Die Anwendung der „Manipulationsmittel" hat nicht zum Ziel künftige Werbegrafiker auszubilden, es dient, wie bei den Zielen zur 11./12. Doppelstunde bereits dargelegt, der

Ausbildung notwendiger, rationaler und kritischer Fähigkeiten.

Materialien

– Deckfarbkasten
– Deckweiß
– Borstenpinsel
– Haarpinsel (für Details)
– Wasserglas
– Malpapier DIN A4
– Bastelkleber
– je Schüler eine Produktabbildung
– je Schüler ein Arbeitsbogen

Ziel der Stunde

Die Schüler sollen die theoretisch gewonnenen Erkenntnisse praktisch anwenden können.

Unterrichtsverlauf

1. Unterrichtsschritt (2. Vorschlag)

Der Lehrer verteilt aus Werbeanzeigen geschnittene Produktabbildungen und einen Arbeitsauftrag.
Der Arbeitsbogen könnte so aussehen:

„An das Werbebüro ‚Kunterbunt'!
Bitte entwerfen Sie mir für mein Produkt einen farbigen Hintergrund, der deutlich machen soll, daß es besonders hautfreundlich und zart-pflegend ist.
                    Mit freundlichem Gruß
                    Firma Groß und Größer"

Aus ökonomischen Gründen erhalten jeweils 3 oder 4 Schüler die nicht nebeneinandersitzen, die gleiche Produktabbildung und den gleichen Arbeitsauftrag. Das erspart dem Lehrer Arbeit und vereinfacht die Besprechung der „Entwürfe des Werbebüros".

2. Unterrichtsschritt

Die praktische Arbeit erfolgt ohne Lehrerhilfe. Beim Rundgang während der praktischen Arbeit informiert sich der Lehrer darüber, welchen der 3 oder 4 Entwürfe er zur Besprechung heranziehen will.

3. Unterrichtsschritt

Die Besprechung der Ergebnisse kann als Rollenspiel durchgeführt werden. Der Schüler in der Rolle des Werbebüro-Chefs erklärt und *verteidigt* seinen Entwurf, der Lehrer (oder ein geeigneter Schüler) in der Rolle des Produzenten hört sich die Erklärungen an, fragt nach, *kritisiert* die Entwürfe.

Das Rollenspiel kann durch einige Rollenklischee-Attribute (Zigarre, Krawatte, Schreibtischlampe, „Künstler"-Schal usw.) belebt werden.

Die spaßige Form dieses Rollenspiels führt dazu, daß die Schüler sich viel freier äußern, viel schärfer argumentieren und damit indirekt, im Sinne des Lernziels, die Mittel und Methoden reflektieren.

14. Doppelstunde: Gestaltungsaufgabe als Anwendung der Erkenntnisse

Im ersten Teil der Unterrichtseinheit (1.–3. Doppelstunde) wurden Grundlagen für die weiteren Doppelstunden gelegt (Aufhellen, Abdunkeln, Trüben, Kalt-Warm, Erdfarben) der Schwerpunkt der Arbeit lag dabei im Eigengestalten und Kunstverständnis.

Im zweiten Teil (4.–6. Doppelstunde) fan-

den die Erkenntnisse ihre Anwendung, einmal in der Kunst (Landschaftsmalerei) und in einem Anwendungsbereich der Umwelt (Innenarchitektur).

Im dritten Teil wurden bisher – aufbauend auf den vorausgegangenen Teilen – Synästhesien und Assoziationen behandelt, wobei der Schwerpunkt auf der praktischen und theoretischen Auseinandersetzung mit der Werbung lag.

Didaktisch-methodische Vorbemerkungen

In dieser Doppelstunde sollen die Schüler noch einmal eine praktische Gestaltungsaufgabe bewältigen.

Dabei steht hier die ästhetische Praxis nicht als Wert an sich, es handelt sich vielmehr um den Transfer der Erkenntnisse aus dem dritten Teil in eine Gestaltungsaufgabe, die deshalb auch als Lernzielkontrolle betrachtet werden kann.

Die Aufgabe besteht darin, den Text „Es herrscht sanfte Ruhe. Plötzlich zerreißt ein schrilles Signal die Ruhe" in ein gegenstandsfreies Bild zu übersetzen. Die Aufgabe soll deshalb gegenstandsfrei gelöst werden, damit nicht Betten, Wecker mit schwarzen Strichen als Geräuschzeichen o. ä. von der eigentlichen Aufgabe ablenken.

Die Schüler sollen aufgrund der vorausgegangenen Stunden in der Lage sein, die geeigneten farbigen Mittel und die entsprechenden Formen zu finden, um die Aussage des Satzes möglichst prägnant zu visualisieren.

Die Schüler müßten ohne große Probleme die Aufgabe bewältigen können, da einmal die Parallelen zur Musik-Farbe-Koppelung eindeutig sind, das Aufhellen (sanft, zart, leicht, …) sowohl bei der Grundlegung (Teil I) als auch beim Bereich Werbung behandelt wurde, „Ruhe" in der Tabelle von Frieling bei der Farbe-Gefühl-Koppelung auftauchte (vielleicht auch angesprochen wurde).

Es ist aber keine simple Wiederholung, da ja auch „plötzlich" dargestellt werden muß, und „schrilles Geräusch" als Kontrast zu „sanfte Ruhe" neu gefunden werden müssen. Aufgrund der vorausgegangenen Stunden dürfte den Schülern die Lösung nicht schwerfallen.

Materialien

- Deckfarbkasten, Deckweiß
- Borstenpinsel
- DIN-A3-Format
- Wasserglas
- Klebstoff falls jemand für den Begriff „plötzlich" sein Bild zerreißt, um es dann auf ein zweites Blatt Papier aufkleben zu können.

Ziel der Stunde

- Die Schüler sollen die Erkenntnisse über Synästhesien und Assoziationen in einer Gestaltungsaufgabe anwenden können.
- Dabei sollen sie einen kurzen Text (sprachliche Mittel) in geeignete farbige Mittel und entsprechende Formen umsetzen können.

Unterrichtsverlauf

1. Unterrichtsschritt

Problemstellung:
Der Lehrer schreibt das Thema „Es herrscht sanfte Ruhe. Plötzlich zerreißt ein schrilles Signal die Ruhe" an die Tafel und stellt die

Aufgabe, die Aussage des Satzes in ein gegenstandsfreies Bild zu übersetzen. Er antwortet auf Verständnisfragen der Schüler. Danach fordert er sie auf, mit der praktischen Arbeit zu beginnen.

2. Unterrichtsschritt

Realisierungsphase
Während der Arbeitsphase informiert sich der Lehrer über die individuellen Lösungsansätze. Seine Hilfe sollte nur darin bestehen, daß er im Einzelfall auf die Dreigliederung der Satzaussage hinweist:
1. „Ruhe – Stille"
2. „plötzlich, zerreißt"
3. „schrilles Signal"

3. Unterrichtsschritt

Besprechung der Arbeiten
Bei der Besprechung sollten möglichst alle Arbeiten angeheftet werden.
Die Leitfragen bei der Besprechung:
- Sucht die Arbeiten heraus, die die Aussage des Satzes am deutlichsten zeigen.
- Begründet die Auswahl!
- Mit welchen Mitteln haben sie die Umsetzung erreicht?

Zur Veranschaulichung der Mittel können die ausgewählten Arbeiten auch geschlossen als Gruppe gehängt werden.
Die Reflexion kann dann in Tabellenform an der Tafel festgehalten werden. Die Gliederung erfolgt nach Farbe und Form, bezogen auf die drei Teile „sanfte Ruhe", „plötzlich", „schrilles Geräusch" (siehe Tafelbild/Stundenblatt).
Die Zusammenfassung in der Tabelle zeigt dann die idealtypischen Lösungen.
Die noch nicht besprochenen Arbeiten können zur Reflexion mit herangezogen werden, da oft *Teile* besonders gelungen sind („Bei P. ist die Ruhe am sanftesten, da er . . .").

In der Besprechung sollte nochmals deutlich werden, daß dringend zwischen der *individuellen Farbwahl* innerhalb der übergeordneten Gesetzmäßigkeit unterschieden werden muß.

So ist es z. B. eine individuelle Entscheidung, ob zur Darstellung von Ruhe Grün oder Hellblau, oder Grün und Hellblau, oder Grün und Ocker ... gewählt wurden, gemeinsam ist, daß diese Farben nach Frieling (Farbe und Gefühl, s. Tabelle S. 93) dominant von Versuchspersonen gewählt wurden, um „Ruhe" auszudrücken. Gemeinsam ist das *Aufhellen* der gewählten Farben mit Weiß, (oder das *Verdünnen* der Farbe), um die Ruhe „sanft" zu machen, und die Betonung der Waagerechten.

15. Doppelstunde:
Vertiefung, Festigung bzw. Lernzielkontrolle
(ohne Stundenblätter)

Die 15. Doppelstunde mit den unten genannten Vorschlägen kann entweder zur Festigung des bisher Gelernten an neuem Material benutzt oder aber zur Wissensüberprüfung eingesetzt werden.

Im Folgenden wird kein Unterrichtsablauf dargestellt, es werden vielmehr verschiedene Vorschläge gemacht, die sich jedoch auf die vorangegangenen Unterrichtsstunden beziehen.
Zur Festigung und oder Wissensüberprüfung bieten sich folgende Möglichkeiten an:
1. die schriftliche Erörterung
2. die Werkbetrachtung
3. die Tabelle
4. der Fragebogen
5. die praktische Tätigkeit

Diese Möglichkeiten sollen folgend genauer dargestellt und an einigen Beispielen erläutert werden. Dem Lehrer kommt dabei die Aufgabe zu, für die Leistungsmöglichkeiten seiner Klasse eine entsprechende Auswahl zu treffen.

1. Die Erörterung

In der achten Doppelstunde entstanden aufgrund der Diskussion und der Zitate vier Thesen, die in der neunten Doppelstunde auf drei reduziert wurden:
These 1
experimentell nicht gesichert

These 3
persönliche Schwankungen aber auch viele Gemeinsamkeiten

These 2
Gesetzmäßige Erscheinungen

Zu diesen drei Thesen sollen die Schüler schriftliche Stellung nehmen und dabei die Erkenntnisse aus dem selbst durchgeführten Test, der analysierten Werbung usw. mit heranziehen. Diese Erörterung ist anspruchsvoll und kann daher nicht in jeder Klasse durchgeführt werden.
Da aber die Auseinandersetzung mit den drei Thesen und die daraus zu ziehenden Konsequenzen einen guten Abschluß der Unterrichtseinheit darstellten, können die Thesen zum Schluß in Kreisform diskutiert werden.

Etwas einfachere Formen einer schriftlichen Erörterung sollen folgend aufgezeigt werden.
– Bei einer Erprobung beschwerte sich der zufällig in der Pause vorbeikommende Schulleiter über die Häufung von *Alkohol-* und *Zigaretten*werbung an der Stecktafel. Die Antworten der Schüler – in der sich

daraus ergebenden Diskussion mit dem Schulleiter – entsprachen sehr genau den in der 11./12. Doppelstunde genannten Lernzielen! Daraus ergab sich die Idee für eine einfachere Erörterung. Das Thema lautete: „Zigaretten- und Alkoholwerbung gehören nicht in die Schule". Zu dieser Behauptung nahmen die Schüler schriftlich Stellung und reflektierten dabei Ziel und Sinn dieses Teils der Unterrichtseinheit.

– In der 6./7. Doppelstunde setzten sich die Schüler mit der Raumwirkung von Farbe in der Innenarchitektur auseinander. Im dritten Unterrichtsschritt wurde eine Diskussion geführt mit dem provokativen Satz „Welche Farbe man wählt, ist Temperamentsache". Hier anknüpfend kann eine andere – ähnlich provokative – Erörterung abgeleitet werden. Das Thema könnte lauten: „Das ist Geschmacksache." „Das ist keine Geschmacksache!"
Bei dieser Erörterung geht es um persönliche Abweichungen und Gemeinsamkeiten und um die individuelle Wahl *innerhalb* von Gesetzmäßigkeiten.

2. Werkbetrachtung

2.1 Analyse von Kunstwerken
Wie auch in den vorausgegangenen Stunden soll hier keine umfassende Analyse verlangt werden. Schwerpunkt der Analyse ist die *Farbwirkung* bezogen auf den dargestellten Inhalt. Geeignet sind Malereien, bei denen die im Unterricht behandelten Aspekte eindeutig vorkommen:
Aufhellen, Abdunkeln, Trüben, Warm, Kalt, Warm-Kalt-Kontrast, Erdfarben. Es geht dabei um die spezifische Aussagekraft der Farbe bezogen auf den Inhalt. Zu den Doppelstunden (1.–4.) wurden bereits geeignete Kunstwerke genannt. Die dort nicht eingesetzten Reproduktionen können jetzt herangezogen werden.

Außerdem aus der Klett-Schulgalerie:

Paul Klee, Kampfscene aus der komisch-phantastischen Oper „Der Seefahrer", 1923 (Großformat Nr. 94686; aufgeblockt Nr. 94434)
Gegensatz von Warm-Kalt und Hell-Dunkel (Dunkles, warmes Braun gegen kaltes Blau), den Zonen zugeordnet jeweils warmes und (relativ!) kaltes Rot.

Adolph v. Menzel, „Das Flötenkonzert", 1852
Warme Farben und starkes Hell-Dunkel. Steigerung des dunklen Braun über Braun zu Rot und warmem Gelb.

Pablo Picasso, Portrait von Jaime Sabertés, 1901
Dominant kalte Farben im Kontrast zu wenigen warmen. Grünblau-Ocker.

Um die Analyse zu straffen, und um den Schülern eine Hilfe zu geben, ist ein Arbeitsbogen mit Leitfragen günstig.

Als Beispiel aus der Erprobung eine Schülerarbeit zu dem Portrait von Picasso:

Beschreibe kurz den Inhalt:
„Ein junger Mann sitzt an einem Tisch. Er hat mittellanges Haar und stützt den Kopf in die linke Hand. Die Augen sind fast geschlossen. Auf dem Tisch steht ein großes Bierglas. Die rechte Hand berührt das Bierglas. Er faßt nicht rum. Die Finger zeigen nach oben."

Beschreibe die Farben des Bildes:
„Der Hintergrund ist grünblau, die Jacke schwarzblau, das Gesicht fast weiß. Um die Augen herum ist es auch etwas grünblau mit Weiß. Die linke Hand, auf die er sich stützt, hat die gleiche Farbe wie das Gesicht. Die rechte Hand, die das Bierglas berührt, ist mit Ocker gemalt, wie das große Bierglas. Das Haar ist mit Blau und Ocker gemalt."

Wie wirken die Farben auf Dich?
„Das ganze Bild wirkt unheimlich kalt.
Warm wirken nur die rechte Hand und das
Bierglas."

Siehst du einen Zusammenhang zwischen
der Farbwirkung und dem Inhalt?
„Der fühlt sich nicht gemütlich, es ist so kalt.
Außerdem sieht er traurig und krank aus.
Das sieht man an der Gesichtsfarbe und an
der Farbe um die Augen rum. Außerdem
zieht er den Mundwinkel runter.
Vielleicht ist er auch einsam und traurig. Es
ist alles so ungemütlich kalt. Nur die linke
Hand und das Bierglas sind warm. Vielleicht
trinkt er gern Bier. Es kann sein, daß er aus
Kummer trinkt. Die Farben passen genau zu
dem Gesichtsausdruck."

Weitere Vorschläge zur Kunstbetrachtung:
Abdunkeln:
Eugène Delacroix, „Die Einnahme Kon-
stantinopels"
Hans v. Marées „Der Drachentöter"

Trüben:
Otto Dix „Die Eltern des Künstlers"
Henri Matisse „Die Seine in Paris"
Arbeiten von Camille Pissarro und Camille
Corot, bei denen getrübte Farben domi-
nieren.

2.2 Analyse von Werbebeispielen
Zur Analyse von Werbebeispielen kann der
gleiche Arbeitsbogen benutzt werden wie in
der 11./12. Doppelstunde.
Die zu analysierenden Werbebeispiele sollten keine neuen Farbprobleme beinhalten;
zur Wissensüberprüfung sollten Variationen
der in der 11./12. Doppelstunde analysierten
Werbeanzeigen vom Lehrer ausgesucht
werden.

3. Die Tabelle

In der 12. Doppelstunde wurden die Analyseergebnisse in einer Tabelle zusammengefaßt.

Farbe	Wirkung	Produkte
Mit Weiß aufgehellte Farben Pastelltöne		Kosmetika, Körperpflege, Weichspüler, magenschonender Kaffee, Babykleidung, Leichtzigaretten
Brauntöne, Erdfarben		Tabak, Cognac, Weinbrand, Parfüm für Männer
Mittleres Blau Blaugrün Kombinationen aufgehellt		klare Schnäpse, Mineralwasser Mentholzigaretten, einige Putzmittel, auch perfekte Technik
Blau-Orange (Blau-Hellbraun) (Graublau-Braun)		Lichtwerbung, Weihnachtsgeschenke, einige Getränke z. B. Johnnie Walker, Grog, Sonnenschutzmittel, Bundesbahn und Autoreifen, bezogen auf die Jahreszeiten
Gelborange, Orange Rotorange (Ocker)		Orangensäfte, tropische Fruchtsäfte, Margarine (Sonnenblume), Erdgas
Mit Grau getrübte Farben im Gegensatz zu reinen Farben		Reinigungsmittel, Medikamente (Mittel gegen Schnupfen, Erkältungs- wetter)

Zur Lernzielkontrolle kann diese Tabelle jetzt herangezogen werden. Wie das Beispiel auf S. 60 zeigt, wird die Spalte über die Wirkung der Farben dabei freigelassen und ist von den Schülern auszufüllen.

Als Variante können auch im Wechsel einige Felder freigelassen werden, so daß einmal ein Rasterfeld zu „Farbe", dann eins zu „Wirkung" und dann eins zu „Produkte" auszufüllen ist.

4. Der Fragebogen

In der 7. Doppelstunde wurden in Gruppenarbeit „Problemräume" optisch verändert. Die Aufgabenstellung für die einzelnen Gruppen werden jetzt auf einem Zettel zusammengefaßt und zur schriftlichen Beantwortung gegeben.

Beispiel:

1. Familie A möchte ihren Flur verändern. Er ist lang, schmal und wirkt wie ein Schlauch.
   Überlege, wie er gestrichen werden müßte, damit er kürzer und weiter wirkt.
   Schreib bitte auf, wie Du Decke, Wände und Stirnseite streichen würdest, um den Flur optisch zu verändern. Nenne die genaue Farbnuance und begründe Deine Farbwahl.
2. Ein mittelgroßer Raum, aber die Decke wirkt zu hoch ...
3. Ein schöner großer Raum, die Decke wirkt im Verhältnis zu seiner Größe zu niedrig ...
4. Ein sehr kleiner und dunkel wirkender Raum ...
5. Ein sehr großer Raum, der den Bewohnern als zu ausgedehnt erscheint ...
6. Ein zu klein und kühl wirkendes Nordzimmer ...

5. Die praktische Tätigkeit

Die in der Unterrichtseinheit entstandenen praktischen Arbeiten können zur Beurteilung herangezogen werden. Es sind aber nicht alle Aufgabenstellungen geeignet. Der Plattencover-Entwurf sollte *nicht* benotet werden, da hier die Schüler *ohne* vorher erarbeitetes Sachwissen nur empfindungsgemäße Näherungswerte für die weitere Diskussion erstellen konnten. Hier verbietet sich eine Benotung. Wenn vorher Sachwissen erarbeitet wurde, die Aufgabenstellung klar war, kann die praktische Arbeit als Wissensüberprüfung, -anwendung betrachtet werden. (14./13./7./5. Doppelstunde)

Alle unter 1. bis 5. genannten Möglichkeiten dienen als Lernzielkontrolle. Während Tabelle und Fragebogen mehr das Sachwissen abprüfen, dient die Analyse von Kunstwerken und Werbung noch zusätzlich zur Vertiefung und die Erörterungen zusätzlich zu einer abschließenden Reflexion.

Alternative zur Unterrichtseinheit/ Möglichkeiten zur Ausweitung

Es ist natürlich genauso möglich, gerade das Widersprüchliche (und die Gemeinsamkeiten) zum Thema einer Unterrichtseinheit zu machen, die sich mit der Wirkung der einzelnen Farben beschäftigt.

Für diese Vorgehensweise sollen kurz einige Hinweise für eine mögliche Bearbeitung aufgezeigt werden:

– Volksmund (Grün = Hoffnung, Gelb = Neid ...)
– Rückbezug auf das mittelalterliche Fastnachtspiel „Die siben Farb" (15. Jh.) (Rot = Liebe, Blau = Treue, Grün = frei v. Liebe ...)

- Rückbezug auf die symbolische Bedeutung der Farben in Ägypten, China, und den mosaischen Kultfarben
- Die Aussagen Goethes zu den einzelnen Farben
- Die Aussagen von Künstlern (z. B. Franz Marc, W. Kandinsky)
- Diskussion der Untersuchungen von Stefanescu-Goanga, Allesch, Nienstedt
- Farbtests (Lüscher, Pfister, Frieling)

- Psychosomatische Farbwirkung
- Untersuchung der Wirkung von Einzelfarben und Zweier-Kombinationen in Werbung und Kunst

Eine solche Unterrichtseinheit, bei der Textanalyse und Befragungen dominieren, könnte vereinfacht zwar in der Sekundarstufe I, differenziert jedoch erst in der Sekundarstufe II durchgeführt werden.

III Auswahlbibliographie

Literatur zum Thema der Unterrichtseinheit:

- Arnold, W. (Hrsg.): Farbgestaltung, Berlin-Ost, 1976
- Frieling, H.: Das Gesetz der Farbe, Göttingen, 1968
- ders.: Farbe hilft verkaufen, Göttingen, 1957
- Goethe, J. W. v.: Zur Farbenlehre. Didaktischer Teil, dtv Gesamtausgabe, Bd. 40
- Heimendahl, E.: Licht und Farbe, Berlin, 1961
- Itten, J.: Kunst der Farbe, Ravensburg, 1961
- Marx, E.: Die Farbkontraste, Ravensburg, 1973
- Pawlik, J.: Theorie der Farbe, Köln, 1969

Didaktisch orientierte Literatur:

- Appel, K.: Hast Du schon mal rot gesehen? Werbung in Kunst und Unterricht, Sonderheft 1975, S. 12/16 ff.
- Euker, J.: Zwischen individueller Erfahrung und fachlicher Systematik, eine thematisch orientierte Untersuchung, in: Kunst und Unterricht, Heft 63, 1980, S. 40 ff.
- Giffhorn, H.: Ästhetische Phänomene und politisches Verhalten – Analyse von optischen Informationsträgern, in Giffhorn, Hrsg.: Politische Erziehung im ästhetischen Bereich, 1971, S. 75–83
- Hinkel, I. und H.: Wir malen unser Wetter selbst, in: Kunst und Unterricht, Heft 41, 1977, S. 14 ff.
- Kowalski, K.: Grundriß einer Didaktik des Unterrichtsfaches Kunst und Kommunikation, Stuttgart, 1978
- Otto, G.: Bunter Vogel – grau verzaubert, in Kunst und Unterricht, Sonderheft 1971, S. 31 ff.
- Prüll, H.: Farben machen auf etwas aufmerksam, in: Kunst und Unterricht, Heft 28, 1974, S. 19 ff.

Weitere Hefte dieser Reihe:

Sekundarstufe II

Ulrich Hamm

**Stundenblätter
Farbe**

100 Seiten + 27 Seiten Beilage, geh., Klettbuch 928131

dazu Arbeitsheft
40 Seiten mit vielen farbigen Abbildungen, Klettbuch 205920

Günther Kälberer / Dorothea Schappacher

**Stundenblätter
Architektur**

138 Seiten + 56 Seiten Beilage, kart., Klettbuch 928151

dazu Arbeitsheft
48 Seiten, ca. 80 Schwarzweißabbildungen, Klettbuch 20593

Klaus Kowalski

**Stundenblätter
Plastik**

139 Seiten + 48 Seiten Beilage, kart., Klettbuch 928161

dazu Arbeitsheft
40 Seiten, mit zahlreichen schwarzweißen und farbigen Abbildungen, Klettbuch 20594

Klaus Kowalski

**Stundenblätter
Methoden der Bildanalyse**

116 Seiten + 37 Seiten Beilage, kart., Klettbuch 928111

dazu Arbeitsheft
32 Seiten, mit zahlreichen schwarzweißen und farbigen Abbildungen, Klettbuch 20591

1. / 2. Doppelstunde:
Ausdruckswert der Farbe: Aufgehellte, gedunkelte und getrübte

Schwerpunkte und Problemstellungen:
– Ausdruckswert von Farbklängen
– Analyse der unterschiedlichen Wirkung aufgehellter, gedunkelter oder getrübter
– Farbausdruck bei Kunstwerken

Unterrichtsschritte	Methodische Hinweise Leitfragen
1. Einführung in die Möglichkeiten der Farbveränderung: Aufhellen, Abdunkeln, Trüben	Lehrer-Schüler-Gespräch Lehrervortrag Tafelarbeit
2. Malen einer hügeligen Landschaft mit entweder aufgehellten, gedunkelten oder getrübten Farben	Praktische Arbeit Arbeitsteiliges Verfahren in drei Grup Lehrerhinweise
3. Besprechung der Arbeiten	Halbkreis vor der Stecktafel Unterrichtsgespräch – Wie wirken die Landschaften? Bes Unterschiede. – Wie kommt es zu der unterschied Wirkung? Tafelarbeit

3./4. Doppelstunde:
Ausdruckswert der Farbe: Warme und kalte Wirkung

Schwerpunkte/Problemstellungen:
– „Warme" und „kalte" Farben
– Ordnung der Farben nach warm und kalt
– Der relative Temperaturwert

Unterrichtsschritte	Methodische Hinweise Leitfragen
1. Aufgabenstellung für die praktische Arbeit durch Schilderung: (Ski-)Wanderung, Schnee, Kälte, Hunger, Dämmerung, endlich Skihütte, leuchtende Fenster, gemütlich-warm	Lehrervortrag – Welche Farben eignen sich besond dieses Motiv?
2. Praktische Arbeit	Einzelarbeit
3. Besprechung der Arbeiten	Halbkreis vor Stecktafel Unterrichtsgespräch – Auf welchem Bild ist es besonders – Wo wirken die Fenster besonders g und einladend? – Wodurch wird die Wirkung erreicht

Tafelanschriebe

Die Farbe Orangerot wirkt auf mich (Beispiel):

	STARKE ZUSTIMMUNG	ZUSTIMMUNG	UNENTSCHIEDEN	ZUSTIMMUNG	STARKE ZUSTIMMUNG	
angenehm						unangenehm
warm						kalt
gemütlich						ungemütlich
schön						häßlich

Die Farbe Blaugrün (Türkis, Cyanblau) wirkt auf mich (Beispiel):

	STARKE ZUSTIMMUNG	ZUSTIMMUNG	UNENTSCHIEDEN	ZUSTIMMUNG	STARKE ZUSTIMMUNG	
angenehm						unangenehm
warm						kalt
gemütlich						ungemütlich
schön						häßlich

Die eingetragenen Zickzacklinien sind Beispiele für mögliche
Schülereintragungen.

Unterrichtsschritte	Methodische Hinweise Leitfragen
4. Test mit Polaritätenprofil: Analyse der Wirkung von Orangerot und Türkis.	Zwei Schautafeln Ausfüllen der Raster Einzelarbeit
5. Zusammenfassung der Analyse-ergebnisse	Schüler tragen ihre Ergebnisse in das Raster an der Tafel ein. Diskussion über die Gemeinsamkeiten Abweichungen

Materiallen:
– Zeichenblock DIN A 3,
– Deckfarbkasten, Deckweiß
– Borstenpinsel, Wassergläser
– Diapositive aus E. Marx oder vom Lehrer angefertigte Farbtabelle
  zur relativen Wirkung von Violett und/oder Gelbgrün
– Farbkarten (selbstgestrichen oder aus Farbtonpapier geschnitten)
  mit mindestens zwölf Tönen des Farbkreises einschließlich etlicher
  Brauntöne
  Hinweis: Zu J. Ittens „Kunst der Farbe" gibt es ein Materialienheft
  (Otto-Maier-Verlag, Ravensburg) mit den dafür idealen Farbton-
  papieren
– Pro Schüler ein Arbeitsbogen mit zwei Polaritätenprofilen

Kunstreproduktionen:
1. Warm: M. Rothko, „Orange und Gelb", Klett-Schulgalerie
2. Kalt: R. Dufy, „Mittelmeerische Szene", w. o.
3. Erdfarben: L. le Nain, „Bauernfamilie", w. o.
4. Warm-Kalt: Fr. Goya, „Stierkampf", w. o. oder
             V. v. Gogh, „Das Café am Abend"

Tafelanschriebe

für

?
ütlich

Unterrichtsschritte	Methodische Hinweise Leitfragen
6. Ordnen von Farbkarten	Sitzkreis Farbkarten liegen ungeordnet in der Diskussion – Welche Farben wirken warm, welch – Ordnet sie zu zwei eindeutigen Rei
7. Problematisierung durch weitere Zuordnungsversuche Relativierung der Warm-Kalt-Aussage durch die Zuordnung von Gelbgrün und Rotviolett	Farbtafeln oder Diapositiveinsatz nac Diskussion Tafelarbeit
8. Transfer der Erkenntnisse auf Kunstwerke	Halbkreis vor den Reproduktionen Unterrichtsgespräch – Beschreibt die Farbwirkung. – Gibt es einen Bezug zwischen darg Inhalt (Titel) und der Farbwahl des – Welches könnte seine Absicht sein Zusammenfassung durch den Lehrer

Materialien:
– Zeichenblock DIN A 3
– Deckfarbkasten und ausreichend Deckweiß
– Borstenpinsel
– Wassergläser
– Drei Reproduktionen:
  Aufhellen:
  – C. Monet: „Sommer", Klett-Schulgalerie
  – J. Ensor: „Seltsame Masken", w. o.
  Dunkeln:
  – F. Marc: „Tierschicksale", w. o.
  – El Greco: „Blick auf Toledo", w. o.
  Trüben:
  – K. Spitzweg: „Der arme Poet", w. o.
  – P. Breughel d. Ä.: „Das Gleichnis von den Blinden"

Tafelanschriebe

Farbe + Deckweiß = Aufhellen
Farbe + Schwarz = Abdunkeln
Farbe + Grau   = Trüben

1. Mit Weiß aufgehellte Farben wirken je nach Weißanteil: süßlich, zart, leicht, licht, blaß
2. Mit Schwarz gedunkelte Farben wirken je nach Schwarzanteil: schwer, fest, dunkel, düster, unheimlich
3. Mit Grau getrübte Farben wirken je nach Grauanteil: trübe, trist, schwach, kränklich, abgestorben

Unterrichtsschritte	Methodische Hinweise Leitfragen
4. Transfer der Erkenntnisse auf drei bis sechs Kunstreproduktionen	Schüler-Lehrer-Gespräch Diskussion – Ordnet die Bilder Euren Arbeiten z gründet dies. Gibt es einen Bezug dem dargestellten Inhalt (Titel) un wahl des Künstlers? Welche Absic er? Zusammenfassung durch den Lehre

Tafelanschriebe

te

kalt?
n!

E. Marx

Neben kalten Farben wirkt Gelbgrün relativ warm.
Neben warmen Farben wirkt Gelbgrün relativ kalt.
Neben kalten Farben wirkt Rotviolett relativ warm.
Neben warmen Farben wirkt Rotviolett relativ kalt.

stelltem
nstlers?